ROSA DE JERICÓ E OUTROS CONTOS

Ivan Bunin

Com tradução de **Robson Ortlibas**

Copyright© Tacet Books, 2024
Todos os direitos reservados.

editor August Nemo
capa e projeto gráfico Mayra Falcini
marketing Horacio Corral
texto original Ivan Bunin
tradução Robson Ortlibas
revisão Ricardo Marques
ilustração de capa F. E. Guerin

```
         Dados Internacionais de Catalogação na Publicação (CIP)
              (Câmara Brasileira do Livro, SP, Brasil)

    Bunin, Ivan, 1870-1953
         Rosa de Jérico e outros contos / Ivan Bunin ;
    tradução Robson Ortlibas. -- 1. ed. -- São Paulo :
    Tacet Books, 2024.

         Título original: Весной, в Иудее : Роза Иерихона.
    Тёмные Алле&#
         ISBN 978-65-89575-78-8

         1. Contos russos I. Título.

 24-215608                                         CDD-891.73
                  Índices para catálogo sistemático:

         1. Contos : Literatura russa    891.73

         Aline Graziele Benitez - Bibliotecária - CRB-1/3129
```

Sumário

Ivan Bunin - O Gênio Nômade - *Robson Ortlibas* ... 5
Discurso de recebimento do Prêmio Nobel de Literatura ... 13
Conversa com I. A. Bunin ... 15
Faleceu I. A. Bunin ... 19
Contos ... 21
    A velha ... 21
    Respiração suave ... 27
    Uma história assustadora ... 35
    Rosa de Jericó ... 39
    A canibal ... 41
    Lágrimas ... 43
    Mária ... 45
    Cáucaso ... 47
    Alamedas escuras ... 53
    A beldade ... 61
    Antígona ... 63
    Segunda-feira pura ... 75
    Três rublos ... 95
O tradutor ... 102
Contatos ... 103

Ivan Bunin – O gênio nômade

Robson Ortlibas

Ivan Alekséievitch Bunin foi um poeta, escritor e tradutor russo. Nasceu na cidade de Voronezh no dia 22 de outubro de 1870. Sua família descende de duas famílias nobres empobrecidas: os Bunin, da parte paterna, e os Tchubárov, da parte materna. Da família do pai, tinha como parente distante a grande poeta e tradutora Anna Petróvna Bunina[1], considerada por seus contemporâneos como a "Safo" russa; outra figura famosa da literatura russa, que era da família de Ivan Bunin, foi Vassíli Zhukóvski[2], filho extraconjugal de Afanassi Bunin[3]. Por parte de mãe, os Tchubárov faziam parte de uma família que ostentava um título principesco da qual, durante a regência de Pedro, o Grande, foi retirada a titularidade, pois um membro da família era partidário da tsarevna Sofia e foi condenado à morte.

Mesmo sendo de uma família de linhagem nobre, a vida na casa de Ivan Bunin não era fácil. Seus pais passaram por diversas dificuldades financeiras, sina que parece ter acompanhado o escritor durante toda a sua vida. Bunin era conhecido por gostar de vivenciar experiências novas, gostava de viajar e aproveitar tudo o que o dinheiro podia comprar, ainda que não tivesse tais recursos.

---
1 Anna Petróvna Bunina (1774-1829), poeta e tradutora russa. (N. A.)
2 Vassíli Andréievitch Zhukóvski (1783-1810), poeta russo. (N. A.)
3 Afanassi Ivánovitch Bunin (1727-1791), nobre russo. (N. A.)

A vida literária começou ainda cedo, aos 15 anos, quando escreveu o romance "Entusiasmo", mas sem grande expressão editorial. Escrevia ainda no ginásio, que abandonou aos 16 anos. Posteriormente, teve seu irmão mais velho assumindo sua educação. Neste período, Bunin se apaixonou pela leitura e pelos estudos de idiomas. Seu primeiro trabalho publicado foi no ano seguinte, no periódico "Pátria[4]", onde publicou alguns de seus versos. A força motriz para sua carreira foi a morte de S. I. Nadson[5], seu grande ídolo literário, que o motivou a escrever "Sobre o túmulo de S. I. Nadson"; meses depois, no mesmo periódico, publicou "O mendigo da aldeia".

Como regra a todo poeta, a vida amorosa de Bunin não foi fácil. Conheceu seu primeiro amor quando se mudou para Oriol, para trabalhar no "Boletim de Oriol[6]", como ajudante de redação. Lá, conheceu Várvara Páschenko[7], por quem se apaixonou, e tiveram um relacionamento até 1894, quando ela partiu de Poltava, não aguentando as contínuas viagens de seu companheiro. Após este episódio, Bunin passou a viver de uma maneira ainda mais errante. Segundo ele, em uma carta a Liev Tolstói[8], não passava mais de dois meses em cada lugar.

Em uma de suas peregrinações, conheceu Anton Tchékhov[9], com quem já havia trocado correspondências. Esta amizade durou até a morte de Tchékhov. Bunin era amigo de toda a família e passava temporadas na casa deles, mesmo sem a presença do escritor. Além de Tchékhov e Tolstói, Bunin fez amizade com diversas

---

4 "Rodina", em russo. Foi um periódico mensal, fundado em 1879. (N. A.)
5 Semiôn Iákovlevitch Nádson (1862-1887), poeta russo. (N. A.)
6 "Orlovski Viestnik", em russo. Foi um jornal semanal, fundado em 1873. (N. A.)
7 Várvara Vladímirovna Páschenko (1870-1918): foi revisora do jornal "Boletim de Oriol" e primeira esposa, ilegítima, de Ivan Bunin. (N. A.)
8 Liev Nikoláievitch Tolstói (1828-1910), escritor e pensador russo. (N. A.)
9 Anton Pavlovitch Tchékhov (1860-1904), médico, dramaturgo e escritor russo. (N. A.)

outras figuras da literatura russa e da arte em geral: Serguei Rachmaninov[10], Iliá Repin[11], Isaac Levitan[12], Leonid Andréiev[13], Valéri Briússov[14], Maksim Górki[15], Aleksandr Kuprín[16], Borís Zaitsev[17] e diversos outros. Com alguns deles, fez parte do círculo literário "Sreda[18]". Ainda neste período, conheceu sua primeira esposa legítima, Anna Tsakni[19], filha de uma família rica grega. Os dois se casaram em 1898 e saíram em uma viagem de navio. Mesmo sendo filho de uma família rica, Bunin passava por dificuldades financeiras e pedia dinheiro ao irmão mais velho, Iuli Bunin[20]. O relacionamento durou apenas dois anos. Anos mais tarde, o autor confessou que nunca amou de verdade Anna, apenas gostava de sua companhia.

Após mais de 20 anos de carreira, Bunin teve o seu primeiro reconhecimento, recebeu o prêmio Púchkin, em 1903, pela coletânea poética "A queda das folhas", de 1901, entregue ao júri pelo seu amigo Anton Tchékhov. Bunin venceu junto com o tradutor Piotr Weinberg[21], dividindo o prêmio de mil rublos. No ano de 1906, conheceu Vera Muromtseva[22], que seria sua companheira até o fim da

---

10 Serguei Vassílievitch Rachmaninov (1873-1943), compositor, pianista e maestro russo. (N. A.)
11 Iliá Efímovitch Repin (1844-1930), pintor e escultor russo. (N. A.)
12 Isaac Ilitch Levitan (1860-1900), pintor russo. (N. A.)
13 Leonid Nikoláievitch Andréiev (1871-1919), escritor e dramaturgo russo. (N. A.)
14 Valéri Iákovlevitch Briússov (1873-1924), poeta, tradutor, dramaturgo, crítico e historiador russo. (N. A.)
15 Pseudônimo de Aleksei Maksímovitch Pechkov (1868-1936), escritor e dramaturgo russo. (N. A.)
16 Aleksandr Ivánovitch Kuprín (1870-1938), escritor e tradutor russo. (N. A.)
17 Borís Konstantínovitch Záitsev (1881-1972), escritor e tradutor russo. (N. A.)
18 "Meio" em russo. (N. A.)
19 Anna Nikoláievna Tsakni (1879-1963), primeira esposa oficial de Ivan Bunin. (N. A.)
20 Iuli Alekséievitch Bunin (1857-1921), literato, jornalista, pedagogo e matemático russo. (N. A.)
21 Piotr Issáievitch Weinberg (1831-1908), poeta, tradutor, jornalista e historiador russo. (N. A.)
22 Vera Muromtseva-Bunina (1881-1961), escritora e esposa de Ivan Bunin. (N. A.)

vida. Seis anos depois do primeiro prêmio Púchkin, foi novamente laureado, desta vez pelos volumes 3 e 4 de suas obras reunidas, também dividindo o prêmio, desta vez com o amigo Aleksandr Kuprín, com quem tinha grande amizade e uma leve rivalidade literária. Mesmo após o reconhecimento público de sua carreira como autor e o casamento com o amor de sua vida, Bunin permaneceu em sua vida nômade e de situação financeira imutável. Vivia de receber dinheiro pelos trabalhos e gastá-lo em viagens, hospedagens e boas comidas. Com Vera, Bunin viajou ao Egito, Itália, Turquia, Romênia, Ceilão e Palestina. Muitas de suas obras foram concebidas e retratavam a vida nestes locais. Algumas delas, contidas neste livro, como o conto "Respiração suave", de 1916 e "Rosa de Jericó, de 1929.

    Durante o período da Primeira Guerra Mundial, Bunin, apesar do seu sucesso como escritor, vivenciava uma profunda decepção com as atrocidades que a guerra produzia, sobretudo com a destruição causada pelo exército alemão. No entanto, este estado de espírito apenas piorou com a chegada da Revolução de Fevereiro, que foi o início da Revolução Russa. Desde o início, o movimento revolucionário despertava ojeriza em Bunin. O ideal socialista ia de encontro a tudo o que Bunin acreditava. Durante o período da Revolução Russa, mais necessariamente durante os acontecimentos de outubro, Bunin estava em Moscou. Durante os anos de 1918 e 1920, o autor registrou tudo em seu diário, que deu origem ao livro "Dias malditos", onde ele fala tudo o que pensa sobre a Revolução Russa.

    Pode-se dizer que a Revolução Russa foi um divisor de águas na vida de Ivan Bunin. A partir deste período, ele cortou relações com todos os amigos e colegas que compartilhavam do ideal socialista. Inclusive, em muitas obras contidas neste livro, Bunin faz referências a estes ex-amigos e ex-colegas literários de maneira pejorativa. Talvez o seu maior desafeto tenha sido Maksim Górki – que foi seu amigo até o início da Revolução Russa –, a quem Bunin direciona as piores palavras em suas memórias. Embora também nunca tenha poupado Iessiênin[23], Maiakóvski[24] e qualquer outro escritor soviético. Durante um período, em Odessa, Bunin pensou até mesmo em fazer parte do exército voluntário, contra o Exército Vermelho. No entanto, ele e Vera partiram da Rússia em definitivo no ano de 1920. Chegaram a Paris no mês de março. A partir do momento em que Bunin se tornou um emigrante, suas obras passaram a ser distribuídas em Paris, Berlim e Praga. Ainda no exterior, permaneceu um nômade, alternava entre Paris e Grasse.

Os anos de 1930 foram a coroação da carreira de Ivan Bunin. Em 1933, o autor foi laureado com o Prêmio Nobel de Literatura, pela Academia Sueca. Segundo a Academia, o prêmio lhe pertencia "pela rigorosa maestria com que ele desenvolve a tradição da prosa clássica russa". O compositor Serguei Rachmaninov foi um dos primeiros a enviar um telegrama ao amigo, enquanto Marina Tsvetáieva[25] não concordava com a decisão da Academia, tendo preferência por Maksim Górki. Bunin preparou seu discurso, contido nesta edição, durante muito tempo. Parte do prêmio em dinheiro, Bunin doou aos necessitados. Nesta mesma década, conheceu pessoalmente Vladímir Nabókov[26], um grande admirador de sua obra.

Durante a Segunda Guerra Mundial, Bunin e Vera permaneceram em Grasse. Em sua casa, abrigaram dezenas de pessoas, de todas as nacionalidades, que eram perseguidas pelo

---

23 Serguei Aleksándrovitch Iessiênin (1895-1925), poeta e escritor russo. (N. A.)
24 Vladímir Vladímirovitch Maiakóvski (1893-1930), poeta, dramaturgo, diretor e roteirista de cinema, ator e artista plástico russo. (N. A.)
25 Marina Ivánovna Tsvetáieva (1892-1941), poeta e tradutora russa. (N. A.)
26 Vladímir Vladímirovitch Nabókov (1899-1977), poeta, escritor, tradutor e entomologista russo. (N. A.)

exército alemão, em grande parte judeus. De sua casa, Bunin acompanhava pelo rádio as notícias da guerra e da morte de seus amigos, entre eles, Konstantin Balmont[27], falecido em Paris em 1942. Durante a ocupação alemã na França, Bunin escreveu aos escritores soviéticos pedindo ajuda, pois estava morrendo de fome. Aleksei Tolstói[28] escreveu a Iossif Stálin, contando que Bunin pedia ajuda material às editoras que vendiam sua obra na URSS. Uma semana mais tarde, Bunin envia uma carta dizendo querer retornar para casa.

A essa altura, o dinheiro do Prêmio Nobel havia sido todo gasto e não havia novas publicações dos seus trabalhos. Para se manter, conseguiu publicar alguns trabalhos em Nova Iorque, mas apenas após a guerra. Ainda assim, recebendo uma quantia irrisória. Segundo palavras de Ivan Bunin: "Fui rico. Agora, por vontade do destino, tornei-me de repente um mendigo... Fui famoso no mundo todo, agora ninguém no mundo precisa de mim... Quero muito ir para casa!"

Se Bunin foi uma pessoa difícil ou não, apenas aqueles que conviveram com ele podem afirmar. É fato que ele era muito rigoroso quando se tratava de literatura, tanto consigo, quanto com seus colegas e amigos escritores. Ao mesmo tempo em que fez grandes amigos, fez também grandes inimigos. Sua obra, criada no período da emigração, foi censurada na URSS até a morte de Ióssif Stálin. No dia 8 de novembro de 1953, Ivan Bunin faleceu em Paris.

Ainda que o autor tenha pedido ajuda à URSS durante o pior período de sua vida, isso não mudou sua opinião política e sua luta contra os valores do socialismo. Até seu último dia de

---

27 Konstantin Dmítrievitch Balmont (1867-1942), poeta, tradutor e ensaísta russo. (N. A.)

28 Aleksei Nikoláievitch Tolstói (1882-1945), escritor russo. (N. A.)

vida, escreveu utilizando a ortografia e o alfabeto cirílico utilizados antes da reforma da língua russa, feita pelos bolcheviques após 1918, certamente como um ato de rebeldia e protesto contra tudo aquilo que estava ocorrendo em sua terra natal e que tanto desprezava.

A obra de Ivan Bunin é caracterizada pela preocupação estética que tinha ao escrever. Sua poesia, laureada com dois prêmios Púchkin, é caracterizada pela temática da natureza, junto com as estações do ano; não há muitos versos sobre o amor, como de costume na maioria dos poetas. Em sua prosa, Bunin também abusava da estética e do lirismo. Parecia escrever prosa como que se escrevesse poesia, preocupando-se com cada palavra e sua posição no texto. É caracterizado pelo realismo, muito utilizado por Tolstói, mas talvez elevado a um outro nível por Ivan Bunin.

O espírito nômade permitiu que suas obras fossem recheadas com elementos de toda parte do mundo, de todos os lugares pelos quais ele passou: Odessa, Crimeia, Moscou, Petersburgo, Turquia, Palestina, Egito, Itália, Romênia, Ceilão etc. Seu caráter nômade, aliado à característica realista de sua obra, com longas descrições de personagens e locais, permite que o leitor tenha a sensação exata de estar dentro da narrativa, como um personagem, não apenas como um mero espectador.

Quaisquer outras palavras acerca da obra de Ivan Bunin são desnecessárias. Apenas que leia as páginas desta edição e tire suas próprias conclusões sobre a obra deste grande escritor.

Discurso à Academia Sueca na solenidade de recebimento do Prêmio Nobel de Literatura

Ivan Bunin

Vossa Alteza, caras senhoras, caros senhores. No dia nove de novembro, em um ponto distante, em uma antiga cidade provençal, em uma pobre casa de aldeia, ao telefone me informaram sobre a decisão da Academia Sueca. Não seria sincero se dissesse, como dizem nestas situações, que isso foi a impressão mais forte de toda a minha vida.

O grande filósofo disse com razão que os sentimentos de alegria, mesmo os mais raros, não significam nada em comparação com os mesmos sentimentos de tristeza. Não desejando de modo algum obscurecer esta festa, da qual guardarei para sempre uma lembrança indelével, ainda assim me permito dizer que as tristezas que experimentei nos últimos quinze anos excederam em muito as minhas alegrias. E estas tristezas não foram pessoais, de modo algum! No entanto, posso dizer com certeza que, de todas as alegrias da minha vida de escritor, essa pequena maravilha da tecnologia moderna, este telefonema de Estocolmo para Grasse, deu-me, como escritor, a mais completa satisfação.

O prêmio literário, estabelecido por seu grande compatriota Alfred Nobel, é a mais alta coroação do trabalho da escrita! A ambição é inerente a quase todas as pessoas e todos os autores, e fiquei extremamente orgulhoso por receber o prêmio da parte de juízes tão competentes e imparciais. Mas será que, no dia nove de novembro, estava pensando apenas em mim mesmo? Não, isso seria egoísmo demais. Após experimentar calorosamente a agitação da torrente das primeiras felicitações e telegramas, no silêncio e na solidão da noite, pensei sobre o profundo significado do ato da Academia Sueca. Pela primeira vez, desde a criação do Prêmio Nobel, os senhores o conferiram a um exilado. Pois quem sou eu? Um exilado que desfruta da hospitalidade da França, pela qual também guardo gratidão eterna. Senhores membros da Academia, permitam-me, deixando de lado a mim e as minhas obras, dizer-lhes o quanto é bonito o gesto dos senhores por si só. No mundo deve haver regiões de total independência. Sem dúvida, em torno desta mesa se encontram representantes de todas as opiniões, de todas as crenças filosóficas e religiosas. Mas há algo imutável que une a todos nós: a liberdade de pensamento e de consciência, algo que devemos à civilização. Para um escritor, esta liberdade é sobretudo essencial; para ele é um dogma, um axioma. Seu gesto, senhores membros da Academia, provou mais uma vez que o amor à liberdade é o verdadeiro culto religioso da Suécia.

E mais algumas palavras, para o término deste pequeno discurso. Não é de hoje que aprecio sua casa real, seu país, seu povo, sua literatura. O amor pelas artes e pela literatura sempre foi uma tradição para a Casa Real Sueca, bem como para toda a sua nobre nação. Fundada por um guerreiro glorioso, a dinastia sueca é uma das mais gloriosas do mundo. Que Vossa Majestade, o rei, o rei cavaleiro do povo cavaleiro, permita que um escritor estrangeiro e livre, honrado pela atenção da Academia Sueca, expresse-lhe seus mais respeitosos e sinceros sentimentos.

10 de dezembro de 1933

Conversa com I. A. Bunin[29]

Ivan Bunin

"Encontramos I. A. em seu gabinete, em sua escrivaninha, de roupão, óculos, com uma caneta na mão...
— Bonjour, maître[30]. Uma pequena entrevista... em relação a sua noite do dia 26 de outubro... Mas parece que estamos interrompendo. O senhor está escrevendo? Desculpe-nos, por favor.
I. A. finge estar nervoso:
— Mestre, mestre! O próprio Anatole France[31] se irritou com essa palavra: "Maître de quoi?[32]". E quando me chamam de mestre, tenho vontade de dizer um trocadilho bem ruim: "Já estou tão velho e supostamente famoso que é hora de me chamar de 'semestre'". Mas vamos ao que interessa. O que o senhor quer falar comigo?
— Primeiramente, como o senhor está, como está sua saúde, com o que nos alegrará na noite, o que está escrevendo agora?...
— Como estou! A desgraça só deixa bonito o caranguejo, diz o provérbio. Conhece o belo poema de alguém:

---

29 No dia 26 de outubro de 1947, I. A. Bunin deveria ler suas memórias em uma noite literária em Paris. Após o evento, esperava-se uma coletiva de imprensa. Para tal, Ivan Bunin escreveu de próprio punho o que seria uma conversa entre ele e um jornalista, a fim de ajudar um dos organizadores do evento. Certamente o texto foi uma brincadeira do escritor, no entanto, contém informações reais sobre sua vida. (N. T.)

30 "Bom dia, mestre", do francês no original. (N. T.)

31 Jacques Anatole François Thibault, mais conhecido como Anatole France (1844-1924), escritor francês. (N. T.)

32 "Mestre de quê?", do francês no original. (N. T.)

> *"Que continência*
> *Têm os cavalos de simples procedência,*
> *Não dão ciência*
> *Às dificuldades da existência!*[33]"

Mas onde é que vou buscar a continência? Sou um cavalo de nada simples procedência e, sobretudo, bastante velho, e por isso as dificuldades da existência, que, como o senhor sabe, muitas pessoas suportam, e, principalmente eu, suporto com uma certa repugnância e até ressentimento: a julgar pela minha idade e pelo quanto arei no "campo" da literatura, poderia ter vivido um pouco melhor. E já faz muito tempo que não escrevo nada, a não ser pedidos ao senhor coletor de impostos para parcelá-los para mim. Antes também não escrevia quase nada em Paris; para escrever, partia para o Sul, mas para onde, e com quais recursos, posso ir agora? Então fico neste apartamento, no aperto e já, se não no frio, em uma friagem bastante desagradável.

— É possível saber o que exatamente o senhor lerá em sua noite?

— Nunca sei ao certo até o último minuto. A escolha da leitura no palco é um trabalho difícil. Ao ler do palco, até algo belo, mas não "impactante", você sabe que após quinze minutos já não ouvirão, começarão a pensar em alguma outra coisa, olhar para suas botas sob a mesa... Não é música, embora um dia tivera uma conversa interessante com Rachmaninov sobre este tema. Disse-lhe: "O senhor está bem, a música funciona até mesmo com os cães!" E ele me respondeu: "Sim, Vaniúcha[34], sobretudo com os cães". Então, você permanece com a dúvida: o que ler para que

---

33 Citação, modificada pelo autor, do poema de Anatoli Fioletov (1897-1918), poeta russo. (N. T.)
34 Apelido para o nome "Ivan". (N. T.)

não pensem em outra coisa, para que não olhem para as botas? Não sou uma moeda de ouro para todos gostarem, como dizia meu pai, não sou ambicioso... Mas sou orgulhoso e consciencioso, não gosto de deixar as pessoas entediadas... Então, tenho uma coisa em vista para a noite: não entediar.

— Mas o senhor, I. A., fica muito preocupado ao ler em suas noites? Pois todos ficam preocupados no palco, em cena...

— Sem dúvida! Quando jovem, vi o então mundialmente famoso Rossi[35] em "Hamlet" e, na entrecena, recebi a permissão para entrar em seu camarim: ele estava reclinado na poltrona, com o peito nu, branco como uma tela, coberto por enormes gotas de suor... Via, também no camarim, o famoso Lensky[36], do teatro Maly de Moscou, na mesma exata posição que Rossi... Via Iermolova[37] nos bastidores; tive a honra de falar com ela várias vezes nas noites literárias beneficentes: se ao menos o senhor soubesse o que acontecia com ela antes de entrar em cena! As mãos tremiam, tomava ora gotas de valeriana, ora de Hofmann[38], a cada minuto se persignava... A propósito, ela recitava muito mal, como quase todos os atores e atrizes...

— Como?! Iermolova?

— Sim, sim! Iermolova. Quanto a mim, então, imagine, sou uma exceção: sou calmo tanto nos bastidores como no palco. "Se não gosta, não ouça!" Quando jovem, ficava corado no palco, murmurava; sobretudo por conta do pensamento de que exatamente ninguém precisa da minha leitura, e até por conta de uma forma de raiva do público. Uma vez, quando era muito

---
35 Ernesto Rossi (1827-1896), ator italiano. (N. T.)
36 Aleksandr Pavlovitch Lensky (1847-1908), ator, diretor e professor de teatro russo. (N. T.)
37 Maria Nikoláievna Iermolova (1853-1928), atriz russa, considerada a maior da história do teatro Maly de Moscou. (N. T.)
38 Friedrich Hofmann (1660-1742), médico e químico alemão, criou um composto químico à base de éter sulfúrico purificado e álcool vínico ou etílico, utilizado como calmante. (N. T.)

jovem, participei de uma noite literária e musical no maior salão de Petersburgo, e sabe com quem? Não vai acreditar! Com o próprio Masini[39], que, embora estivesse muito longe de ser jovem, ainda tinha uma grande fama e cantava canções napolitanas de maneira maravilhosa! E fui para o palco depois dele – entende o que isso quer dizer: depois dele? –, corri para a beira do palco, olhei e fiquei completamente travado: a um passo de mim estava sentado o próprio Vitte[40], olhando para mim como um crocodilo! Comecei a murmurar como que delirando, escorria de suor quente e frio, e corri de volta para os bastidores... Mas agora, talvez não ficaria envergonhado nem mesmo sob o olhar... ora, invente aí, sob o olhar de quem...

---

39 Angelo Masini (1844-1926), cantor de ópera italiano. (N. T.)
40 Conde Serguei Iúlievitch Vitte (1849-1915), político do Império Russo. (N. T.)

Faleceu I. A. Bunin

Jornal "Nova Palavra Russa[41]"

Em 8 de novembro, às 10h15, a redação do jornal "Nova Palavra Russa" recebeu um telegrama de Paris: "Bunin faleceu nesta noite".

Com Ivan Alekséievitch Bunin, que faleceu ontem, em Paris, aos 84[42] anos de vida, deixa a literatura russa seu último clássico e o único escritor russo laureado com um Prêmio Nobel. Bunin estivera gravemente doente nos últimos anos. Os ataques de asma se alternavam com a inflamação nos pulmões. Era cada vez mais raro que conseguisse se levantar da cama e desse alguns passos para alcançar a escrivaninha – o menor esforço causava-lhe um ataque de asfixia.

O escritor sabia que seus dias estavam contados e, poucos dias antes de seu aniversário de 83 anos, em 23 de outubro, escreveu aos amigos em Nova Iorque: "Serei grato aos senhores até o fim da vida, esta que está ao virar da esquina".

I. A. Bunin, até recentemente, apesar da fraqueza física, manteve plena clareza mental e toda a força do seu talento. Literalmente morrendo, continuou trabalhando no seu último livro sobre Tchékhov.

---

41 "Novoie russkoie slovo", jornal de língua russa, lançado em Nova Iorque, de 1910 a 2010. (N. T.)
42 Idade citada erroneamente no original, Ivan Bunin faleceu aos 83 anos. (N.T.)

I. A. Bunin era um acadêmico na categoria da boa literatura. Sua pena pertence a muitos contos e romances: "Sukhodol", "A aldeia", "O senhor de São Francisco", "O cálice da vida", "Rosa de Jericó", "O amor de Mítia", "Insolação", "A vida de Arseniev", "Memórias", "O último encontro", "Dias malditos", "Alamedas escuras", "A árvore de Deus", "Poemas selecionados" etc. A tradução de "A canção de Hiawatha" de Longfellow[43] e outros.

I. A. Bunin foi mais de uma vez convidado para retornar para a Rússia. Um inimigo irreconciliável do comunismo, de acordo com suas próprias palavras, "escolheu a pobreza" e permaneceu um escritor livre.

A redação do "Nova Palavra Russa", nas páginas do qual, nos últimos dez anos, foram impressas muitas novas obras de I. A. Bunin, lamenta seu falecimento e transmitimos nossas profundas condolências à Vera Nikoláievna Bunina.

Nova Iorque, 9 de novembro de 1953

---

43 Henry Wadsworth Longfellow (1807-1882) foi um poeta e educador estadunidense. (N. T.)

A velha

Aquela velha tola estava sentada em um banco, na cozinha, e chorava um mar de lágrimas. A nevasca de Natal, que fazia redemoinhos pelas ruas vazias e telhados cheios de neve, começava a tomar um tom azul-opaco, preenchendo o crepúsculo, e dentro da casa escurecia. Lá, na sala, poltronas ficavam decorosamente ao redor de uma mesa sob uma toalha de veludo; acima do sofá, uma pintura brilhava fracamente – o círculo esverdeado da lua nas nuvens, uma densa floresta lituana, uma troica de cavalos, um trenó, do qual os caçadores disparavam raios rosa, e lobos se atropelavam atrás do trenó; em um canto da sala, um vaso com uma planta tropical seca estendia-se com folhas mortas até o teto; em outro canto, a corneta escancarada do gramofone, que só ganhava vida à noite, na presença de convidados, quando, em um desespero fingido, dele clamava a voz rouca de alguém: "Ah, é difícil, senhores, e como é, viver sempre com a mesma mulher!" Na sala de jantar, pingavam os trapos molhados jogados no parapeito das janelas, na gaiola, coberta por uma lona, dormia um passarinho, doente, com a cabeça enfiada sob sua asinha – um sono tênue e, em virtude da falta de costume com o nosso Natal, estava triste, triste. No estreito cômodo ao lado da sala de jantar, dormia pesado, roncando, o inquilino, um velho solteirão, professor do pró-ginásio, que puxava os cabelos das crianças nas aulas, mas em casa trabalhava zelosamente em uma grandiosa obra de muitos anos: "O tipo de Prometeu forjado na literatura mundial". No quarto, os proprietários dormiam mal e com raiva, após um terrível escândalo durante o jantar. E a velha estava sentada no banquinho, na cozinha escura, e derramava lágrimas amargas.

O próprio escândalo do jantar começou, mais uma vez, por causa dela. A dona da casa, que, pela idade, há muito tempo já deveria ter vergonha de ficar enciumada, enlouqueceu de ciúmes e, por fim, decidiu: contratou uma velha para ser cozinheira. O senhorio, que há muito tempo já se pintava, mas seus pensamentos ainda se direcionavam apenas para o sexo feminino, decidiu extinguir a velha do mundo. E, de fato, a velha estava longe de ser bonita: era alta, curvada, de ombros estreitos, surda, quase cega, ignorante por timidez e, apesar de todos os seus esforços, cozinhava muito mal. Tremia a cada passo, fazia o possível para agradar... Seu passado não era alegre: bem, é claro, o marido era um bêbado e ladrão; então, após sua morte, vieram as casas de estranhos e as extorsões, longos anos de fome, frio, falta de moradia... E como a velha estava feliz por outra vez não ser o pior dos seres humanos: estava bem nutrida, aquecida, tinha calçados, roupas e trabalhava na casa de um funcionário público! Como ela rezava antes de dormir, ajoelhada no chão da cozinha, entregando toda a sua alma a Deus pela caridade, que de maneira tão inesperada lhe foi dada, quando pediu a Ele para que não a privasse dela! Mas o senhorio a consumia: hoje, durante o jantar, berrou tanto com a velha, que ela perdeu as forças dos braços e pernas por conta do medo dele, e a tigela de sopa voou para o chão. E o que aconteceu a seguir entre os donos da casa! Até mesmo o professor, que só pensava no Prometeu durante o jantar, não aguentou, desviou os olhinhos de javali e proferiu:

— Não briguem, senhores, em nome deste feriado tão solene!

Eis que a casa ficou em silêncio, acalmou-se. A fumaça da nevasca azulava no pátio, acima dos telhados formavam montes de neve, o portão e o postigo ficaram bloqueados... Um menino órfão, pálido, orelhudo, usando botas de feltro, sobrinho da dona da casa, há muito tempo fazia seu dever de casa, acomodado próximo ao peitoril molhado, em seu quartinho, ao lado da cozinha. Era um adolescente assíduo e decidiu memorizar o que lhe deram nas férias de Natal. Não queria chatear seus professores e benfeitores; para consolá-los, em benefício da pátria, tentou memorizar durante toda a sua vida que, há dois mil e quinhentos anos, os gregos (geralmente um povo pacífico que, de manhã até a noite, participava de tragédias teatrais, fazia sacrifícios e, nas horas vagas, consultava o oráculo) destruíram completamente o exército do rei persa com a ajuda da deusa Atena-Pallas, e poderiam seguir pelo caminho da civilização e ir mais além, se não tivessem se tornado mimados, se não tivessem se corrompido e perecido, como acontecia, no entanto, com todos os povos antigos que cediam de maneira excessiva à idolatria e à luxúria. E, após memorizar, fechou o livrinho e, por um bom tempo, ficou raspando o gelo da janela com as unhas. Então levantou-se, em silêncio, aproximou-se da porta da cozinha, olhou por trás dela – e viu outra vez a mesma coisa: na cozinha, silenciosa e sombria, o relógio de parede barato, cujos ponteiros não se moviam, sempre mostravam doze e quinze, batendo de modo incomumente claro e apressado, o porquinho, que passava o inverno na cozinha, parado ao lado do forno, enfiando o focinho até os olhos em um balde de lixo, remexendo-o... e a velha sentada, chorando, enxugando-se com a bainha da saia – era um mar de lágrimas!

Também chorou depois, ao acender a lâmpada e partir lascas de pinheiro no chão para o samovar com uma faca de cozinha cega. Chorou também de noite, ao levar o samovar para a sala de jantar dos patrões e abrir a porta aos convidados – enquanto um guarda maltrapilho, cujos filhos, quatro jovens, há muito tempo mortos pelas metralhadoras dos alemães, arrastava-se pela rua escura, cheia de neve, até uma lâmpada distante, apagada pela nevasca, enquanto na total escuridão dos campos, em fétidas isbás, mulheres, velhos, crianças e ovelhas se deitavam para dormir, e na distante capital havia um mar verdadeiramente transbordante de alegria: nos ricos restaurantes, clientes fingiam ser ricos, com ares de que gostavam muito de beber vodca com laranja na jarra e pagar setenta e cinco rublos por cada uma; nos porões das tavernas, chamadas de cabarés, jovens fingindo ser futuristas, ou seja, pessoas do futuro, cheiravam cocaína e, às vezes, por uma maior popularidade, acabavam batendo uns nos outros, em seus rostos pintados; em um auditório, um lacaio fingia ser poeta, cantando seus versos sobre elevadores, condessas, automóveis e abacaxis; em um teatro, alguém com o crânio completamente nu subia em algum lugar, sobre granitos feitos de papelão, exigindo enfaticamente que alguém lhe abrisse algum tipo de portão; em outro teatro, subia ao palco, montado em um velho cavalo branco, batendo com os cascos no chão e, colocando a mão contra uma armadura de papel, o grande mestre, fingindo ser os antigos príncipes russos, cantava por longos quinze minutos, a dois mil rublos, enquanto quinhentos homens, com carecas espelhadas, olhavam atentamente por meio de binóculos para o coro feminino, que acompanhava com uma cantoria alta aquele príncipe em campanha, e o mesmo número de elegantes damas comia bombons nos camarotes; ainda em outro, velhos e velhas, doentes de obesidade, gritavam e pisavam uns nos outros, fingindo ser mercadores e mercadoras da região de Moscou há muito tempo falecidos; em um quarto teatro, meninos e meninas magros, totalmente nus, coroados com cachos de uvas de vidro, perseguiam uns aos outros freneticamente, fingindo ser algum tipo de sátiros e ninfas... Em suma, até bem tarde da noite, enquanto uns ficavam de guarda e outros iam dormir ou se divertiam, a velha tola e provinciana chorava lágrimas amargas sob o grito rouco, de maneira desesperadamente fingida, que vinha da sala de estar dos seus patrões:

*"Ah, é difícil, senhores, e como é,
viver sempre com a mesma mulher!"*

Respiração suave

No cemitério, sobre um monte de barro fresco, há uma nova cruz de carvalho, forte, pesada, lustrosa.

É abril, dias cinzentos; os monumentos do espaçoso e provincial cemitério eram vistos ainda de longe, através das árvores nuas, e o vento frio fazia ressoar cada vez mais a grinalda de porcelana ao pé da cruz.

Na própria cruz, há um medalhão convexo bastante grande, de porcelana; e no medalhão há um retrato fotográfico de uma colegial, com olhos alegres e surpreendentemente vivos.

Esta é Olia[44] Mescherskaia.

Quando menina, não se destacava na multidão de vestidos colegiais marrons de maneira alguma: o que poderia dizer a respeito dela, além de que era uma das meninas bonitas, ricas e felizes, que era inteligente, porém brincalhona e muito despreocupada com os conselhos que sua professora lhe dava? Então ela começou a florescer, a se desenvolver, não ao longo dos dias, mas das horas. Aos catorze anos, com a cintura fina e pernas esbeltas, os seios já eram bem delineados e todas aquelas formas, cujos encantos ainda nunca foram expressos pela palavra humana; aos quinze, já tinha a reputação de beldade. Mas com que cuidado algumas de suas amigas penteavam os cabelos, como eram asseadas, como eram cuidadosas com seus movimentos contidos! Ela nada temia: nem manchas pretas nos dedos, nem o rosto corado, nem os cabelos desgrenhados, nem o joelho machucado em uma queda durante a corrida. Sem

---

44 Diminutivo de "Olga". (N. T.)

qualquer preocupação e esforço, e como que imperceptível, nos últimos dois anos, veio-lhe tudo aquilo que tanto a diferenciava de todas as colegiais – graça, elegância, destreza, o claro brilho dos olhos... Ninguém dançava tanto no baile quanto Olia Mescherskaia, ninguém patinava tanto quanto ela, ninguém foi tão cortejada nos bailes quanto ela, e, por algum motivo, ninguém era tão amada pelas crianças dos primeiros anos quanto ela. De maneira imperceptível, tornou-se uma moça, e de maneira imperceptível consolidou sua fama de colegial, e já corriam os rumores de que era leviana, não conseguia viver sem admiradores, que o colegial Chenchin havia se apaixonado loucamente por ela, que supostamente ela o amava, mas era tão efêmera no trato com ele, que este tentou suicídio...

Olia Mescherskaia, em seu último inverno, ficou completamente louca de alegria, como diziam os colegiais. O inverno foi nevado, ensolarado, gelado, o sol se punha cedo por trás do grande abeto do jardim nevado do colégio, o sol sereno, radiante, também invariavelmente prometia para o dia seguinte a geada, o passeio na Rua Sobornaia, a patinação no jardim da cidade, uma noite rosada, música e uma multidão deslizando no ringue de patinação por todos os lados, no qual Olia Mescherskaia parecia ser a mais despreocupada, a mais feliz. E eis que um dia, em um grande intervalo, quando fugia feito um turbilhão, das crianças da primeira série que corriam atrás dela, pela sala de ginástica e gritavam de alegria, foi inesperadamente chamada pela diretora. Parou de correr, respirou fundo apenas uma vez, ajeitou os cabelos com um movimento rápido e já habitual de mulher, puxou as pontas do avental em direção aos ombros e, com os olhos brilhando, subiu correndo. A diretora, de aparência jovem, mas grisalha, estava tranquilamente sentada à escrivaninha, com o crochê em mãos, sob o retrato do tsar.

— Olá, mademoiselle[45] Mescherskaia — disse ela em francês, sem tirar os olhos do crochê. — Infelizmente, já não é a primeira vez que sou forçada a chamá-la aqui, para falar com a senhorita em relação ao seu comportamento.

— Estou ouvindo, madame[46] — respondeu Mescherskaia, aproximando-se da mesa, olhando-a de maneira clara e viva, mas sem qualquer expressão no rosto, e sentou-se de maneira tão leve e graciosa, como só ela sabia.

— A senhorita não vai me ouvir bem, infelizmente, estou convencida disso — disse a diretora e, puxando o fio e girando a bola de lã no chão envernizado, que Mescherskaia olhou com curiosidade, levantou os olhos. — Não vou repetir, não vou falar muito — disse ela.

Mescherskaia gostava muito daquele gabinete extraordinariamente limpo e grande, onde se respirava tão bem nos dias gelados com o calor de uma brilhante holandesa[47] e com o frescor dos lírios-do-vale em sua escrivaninha. Ela olhou para o jovem tsar, pintado de corpo inteiro no centro de algum salão brilhante, para o cabelo leitoso, igualmente dividido e bem frisado da diretora, e ficou em silêncio, esperando.

— A senhorita não é mais uma menina — disse a diretora, de maneira significativa, secretamente começando a se irritar.

— Sim, madame — respondeu Mescherskaia, com um ar de simplicidade, quase alegre.

— Mas também não é uma mulher — disse a diretora, de maneira ainda mais significativa, e seu rosto opaco corou levemente. — Primeiramente, que penteado é esse? É um penteado de mulher!

---

45 "Senhorita", do francês no original. (N. T.)
46 "Senhora", do francês no original. (N. T.)
47 Também conhecido como "forno holandês", é um forno coberto com azulejos, utilizado para aquecer ambientes, muito comum na Rússia no período tsarista. (N. T.)

— Não tenho culpa, madame, por ter bons cabelos — respondeu Mescherskaia, tocando de leve sua cabeça lindamente arrumada com as duas mãos.

—Ah, é claro, não tem culpa! — disse a diretora. — Não tem culpa pelo penteado, não tem culpa por estes pentes caros, não tem culpa por arruinar seus pais em sapatos de vinte rublos! Mas, repito-lhe, a senhorita ignora completamente o fato de ainda ser apenas uma colegial...

E então Mescherskaia, sem perder a simplicidade e a serenidade, de repente a interrompeu com educação:

— Desculpe, madame, a senhora está enganada: sou uma mulher. E sabe de quem é a culpa? Do vizinho e amigo do meu pai, e de seu irmão Aleksei Mikháilovitch Maliutin. Aconteceu no verão passado, na aldeia...

E um mês depois desta conversa, um oficial cossaco, feio e de aparência plebeia, sem ter nada em comum com o círculo ao qual Olia Mescherskaia pertencia, atirou nela na plataforma da estação, em meio a uma grande multidão que acabara de desembarcar do trem. E a inacreditável confissão de Olia Mescherskaia, que deixou pasma a diretora, confirmou-se totalmente: o oficial declarou ao juiz de instrução que Mescherskaia o seduziu, era próxima dele, jurou ser sua esposa, e na estação, no dia do assassinato, ao acompanhá-lo a Novotcherkassk, de súbito, disse-lhe que nunca pensou em amá-lo, que toda aquela conversa sobre casamento era apenas um escárnio da parte dela, e deu-lhe para ler aquela folhinha do diário, onde falava sobre Maliutin.

— Percorri aquelas linhas e, ali mesmo, na plataforma, onde ela caminhava, esperando enquanto eu terminasse de ler, atirei nela — disse o oficial. — Aqui está o diário, dê uma olhada no que ela escreveu no dia 10 de julho do ano passado.

No diário estava escrito o seguinte:

"Agora são duas horas da manhã. Adormeci profundamente, mas logo acordei... Hoje me tornei uma mulher! Papai, mamãe e Tólia[48], todos partiram para a cidade, fiquei sozinha. Estava tão feliz por estar sozinha! De manhã, passeei pelo jardim, pelo campo, estive na floresta, parecia-me que estava sozinha no mundo inteiro, e achava tão bom, como nunca na minha vida. Almocei sozinha, depois toquei por uma hora inteira, ao som da música tenho a sensação de que viverei infinitamente e serei tão feliz como ninguém jamais foi. Depois, adormeci no gabinete de papai e, às quatro horas, Kátia[49] me acordou e disse que Aleksei Mikháilovitch havia chegado. Fiquei muito alegre com ele, era tão agradável recebê-lo e me entreter com ele. Chegou em um par de viátkas[50], muito belos, e ficaram parados o tempo todo junto ao alpendre, ele permaneceu ali porque estava chovendo e queria que estiasse até o anoitecer. Lamentou por não ter encontrado papai, estava muito animado e se comportava comigo como um cavalheiro, brincou bastante, dizendo que há muito tempo era apaixonado por mim. Quando passeamos pelo jardim, antes do chá, fazia outra vez um tempo maravilhoso, o sol brilhava através de todo o jardim molhado, embora estivesse bastante frio, e ele me conduzia pelo braço e dizia que era Fausto com a Margarida[51]. Ele tinha cinquenta e seis anos, mas ainda era muito belo e sempre se vestia bem – apenas não gostava que viesse de krilátka[52] –, cheirava a colônia inglesa, e tem olhos completamente jovens, negros, e a barba é graciosa-

---

48 Diminutivo de "Anatoli". (N. T.)
49 Diminutivo de "Ekaterina". (N. T.)
50 Raça de cavalos, ameaçada de extinção, nativos da região de Viátka, hoje chamada de Kirov. (N. T.)
51 Refere-se à obra "Fausto", de Johann Wolfgang von Goethe (1749-1832), publicada em 1808. (N. T.)
52 Casaco masculino sem mangas, feito de tecido ou drapeado, com capa longa e fendas para os braços. (N. T.)

mente dividida em duas longas partes e totalmente prateada. Durante o chá, ficamos sentados na varanda de vidro, sentia-me como se estivesse indisposta e deitei-me na otomana; ele estava fumando, depois se sentou próximo de mim, começou a falar outra vez algumas gentilezas e então a pegar minha mão e beijá-la. Cobri o rosto com um lenço de seda, ele me beijou várias vezes na boca, através do lenço... Não entendo como isso pôde acontecer, enlouqueci, nunca pensei que fosse dessas! Agora tenho apenas uma saída... Sinto tamanha repulsa por ele que não consigo suportar!..."

Durante esses dias de abril, a cidade ficava limpa, seca, suas pedras embranqueciam, e se torna fácil e agradável andar por elas. Todos os domingos, após a missa, uma pequena mulher, enlutada, calçando luvas pretas de pelica, carregando um guarda-chuva de ébano, caminha pela Rua Sobornaia, que leva para a saída da cidade. Ela atravessa uma área enlameada ao longo da rodovia, onde há muitas forjas começando a fumegar e sopra o ar fresco do campo; mais adiante, entre o mosteiro e a prisão, a nublada linha acima do horizonte embranquece e o campo primaveril se torna cinza, e depois, quando abre caminho por entre as poças sob o muro do mosteiro e vira à esquerda, vê-se como que um grande jardim baixo, envolto por uma cerca branca, acima de cujos portões está escrito "Assunção de Nossa Senhora". A pequena mulher se persigna brevemente e segue pela habitual alameda principal. Ao chegar até o banco, de frente para a cruz de carvalho, ela se senta ao vento e ao frio primaveril por uma, duas horas, enquanto não começam a congelar seus pés, calçados em botas finas, e suas mãos, enluvadas com apertadas luvas de pelica. Ouvindo os pássaros da primavera cantando docemente também no frio, ouvindo o zumbido do vento na grinalda de porcelana, às vezes ela pensa que entregaria metade de sua vida para que não tivesse aquela grinalda sem vida diante dos seus olhos. Essa grinalda, este monte, a cruz de carvalho! Seria possível que aqui debaixo esteja aquela cujos olhos brilham de modo tão imortal neste medalhão convexo de porcelana preso à cruz, e como conciliar este olhar puro com aquele horror que agora está associado ao nome de Olia Mescherskaia? No entanto, no fundo da alma, a pequena mulher é feliz, como todas as pessoas devotas a algum sonho apaixonado.

Essa mulher é a professora de Olia Mescherskaia, uma jovem senhora, que há muito tempo vive uma ficção que substitui sua vida real. A princípio, tal ficção era seu irmão, um pobre e nada notável alferes – ela se uniu a ele de todo seu coração, a um futuro que, por algum motivo, parecia-lhe brilhante. Quando ele foi morto perto de Mukden, ela se convenceu de que era uma trabalhadora ideológica. A morte de Olia Mescherskaia a fascinou com um novo sonho. Agora, Olia Mescherskaia é o objeto de seus pensamentos e sentimentos implacáveis. Vai ao seu túmulo em todos os feriados, não tira os olhos da cruz de carvalho por horas, lembra-se do rostinho pálido de Olia Mescherskaia no caixão, entre as flores – e aquilo que um dia ouviu, uma vez, no grande intervalo, ao passear pelo jardim do colégio, Olia Mescherskaia falava bem rapidamente com sua melhor amiga, a alta e corpulenta Subbotina:

— Em um livro do papai – ele tem muitos livros antigos e engraçados –, li qual beleza uma mulher deve ter... Lá, sabe, diz tantas coisas, que não dá para lembrar de tudo: bem, claro, deve ter olhos negros e ardentes de alcatrão – juro por Deus, estava escrito assim: ardentes de alcatrão! –, cílios negros como a noite, rubor suavemente brincalhão, torso fino, mais longo do que um braço comum – está entendendo, mais longo do que o comum! – pernas pequenas, seios moderadamente grandes, de panturrilhas bem arredondadas, joelhos cor de concha, ombros curvados – aprendi muitas coisas quase que de cor, então é tudo verdade! –, mas quer saber o mais importante? Respiração suave! Mas isso eu tenho, ouça como eu respiro, não é verdade?

Agora, esta respiração suave tornou a se dispersar pelo mundo, neste céu nublado, neste vento frio de primavera.

1916

Uma história assustadora

No parque nu e desfigurado, enegrecido com a morte invernal, em frente à casa, havia a escuridão e a desolação de uma noite de março, e sobre a velha neve cinza, caía uma neve jovem, branca e delicada como a penugem de um cisne. Eles, sabe-se apenas que eram dois, estavam sentados no parque desde ontem, esperando a calada da noite.

E a casa, com muitas janelas iluminadas, olhava de maneira vigilante para o parque escuro; ela, aquela velha francesa de peruca castanha e de olhos esbugalhados de lagostim, que, após a partida dos patrões para a cidade, vivia absolutamente sozinha na casa, sentia a funesta presença daqueles que a espreitavam: ela iluminava todos os cômodos – e eles eram muitos, e todos grandes –, decidiu não dormir durante toda a noite e andava o tempo todo de cômodo em cômodo, por toda a casa vazia e reluzente com lâmpadas e candelabros.

O pior é que, em vez de ir para o porão, onde dormiam a camareira e a lavadeira, ou para o quarto dos empregados, onde eles pernoitavam, em vez de chamar alguém para lhe fazer companhia, ela, já sabendo muito bem da sua fatalidade, apenas andava de cômodo em cômodo e até mesmo cogitou fazer anotações.

Escreveu:

"São quinze para uma da manhã. Não paro de andar! Sinto que estou morta. Há alguém no jardim. Sei até que são dois..."

"Acabou de bater uma hora, lá embaixo, no relógio grande do vestíbulo. Bateu de maneira solene e assustadora... Um deles é pequeno, de pernas tortas como um Dachshund. Mas não vou dormir a noite inteira, vou me proteger..."

Ela tocava um cakewalk[53] ao piano; por muitas vezes recomeçava, tocava de maneira impetuosa, com uma alegria desesperada, e sempre interrompia:

"Estou tocando cakewalk como uma louca", escreveu. "Meu horror chega ao êxtase..."

Depois, vasculhava os livros na estante do gabinete, olhava e os jogava ao chão. Estava procurando alguma coisa para ler e, por fim, pegou um volume de geografia de Reclus[54].

Na escrivaninha da patroa, deixou mais uma nota:

"Meu Deus! Mas por que eu devo ser a vítima? Vou me defender, não desistirei enquanto viver!"

Com o Reclus nas mãos, deitou-se no sofá do gabinete e, após abrir o livro, leu por algum tempo e até fez algumas marcações a lápis.

Naquele mesmo sofá, encontraram-na de manhã, com a garganta cortada, sem peruca, com o crânio nu, com os olhos bizarros de lagostim, parados, atônitos.

Os vidros das portas duplas da sala de estar, que davam para a varanda, com vista para o jardim, foram forçados e quebrados por fora. O vento soprava na sala de estar, trazendo o vapor frio, a névoa do parque esbranquiçado. E toda a casa estava repleta de luzes, que amarelavam a luz pálida do dia branco, úmido e nebuloso.

Quem esfaqueou? E por quê?

Eles, aqueles dois que estavam sentados no jardim, esfaquearam. E o porquê é incompreensível: não levaram, não tocaram em uma única coisinha.

---

53 Estilo musical, de origem afro-americana, criado na região sul dos EUA. (N.T.)
54 Jacques Élisée Reclus (1830-1905), geógrafo e militante anarquista francês. (N. T.)

Sim, eram dois. Foi provado pelas pegadas molhadas e sujas que deixaram no parquete. E as pegadas de um deles não eram muito comuns, eram bem separadas umas das outras, pernas... Sem dúvida, ele tinha as pernas tortas.

Eram dois. Mas quem eram? Não os encontraram, não foram capturados.

Apesar de tudo, a coisa mais terrível na terra é o homem, sua alma.

E sobretudo aquela que, ao realizar seu terrível feito, ao saciar sua luxúria diabólica, fica para sempre desconhecida, solta e insoluta.

Onde estão agora aqueles dois? Talvez, pode ser que estejam vivos até hoje, em algum lugar, fazendo alguma coisa, andando, comendo, bebendo, conversando, rindo, fumando...

Paris, 1926.

Rosa de Jericó

Como sinal de fé na vida eterna, na ressurreição dos mortos, no Oriente, na Antiguidade, colocavam a Rosa de Jericó no caixão, nos túmulos.

É estranho que chamaram de rosa e ainda por cima Rosa de Jericó este emaranhado de caules secos e espinhosos, semelhante à nossa erva daninha, de difícil crescimento, que se encontra apenas nas areias pedregosas abaixo do mar Morto, no sopé deserto do Monte Sinai. Mas há uma lenda de que assim ela foi chamada pelo próprio venerável Sava, que escolheu para sua morada o terrível Vale de Fogo, um desfiladeiro escalvado e morto no deserto da Judeia. O símbolo da ressurreição, dado a ele na forma de um cardo silvestre, foi adornado com a mais doce comparação terrena que ele conhecia.

Pois ele, este cardo, é de fato milagroso. Arrancado e levado por um peregrino por milhares de verstas[55] da sua terra natal, pode permanecer seco, cinzento e morto. Mas, ao ser colocado na água, começa a florescer de imediato, a dar folhinhas finas e de cor rosa. E o pobre coração humano se regozija, consolando-se: não há morte no mundo, não há destruição daquilo que foi, do que um dia viveu! Não há separação nem perda, enquanto vivem a minha alma, meu amor, minha memória!

Assim também me consolo, ao ressuscitar em mim aquelas antigas terras radiantes, onde outrora meu pé também pisou, aqueles dias abençoados, quando, ao meio-dia, encontrava-se o sol da minha vida, quando, no auge das forças e das esperanças,

---
55 Antiga medida russa para distâncias, equivalente a 1,067 km. (N. T.)

de mãos dadas com aquela que Deus julgou ser a minha companheira até o túmulo, realizei a minha primeira longa viagem, uma viagem matrimonial, que ao mesmo tempo foi uma peregrinação à Terra Santa de nosso Senhor Jesus Cristo. Na grande paz de séculos de silêncio e esquecimento, estava diante de nós Sua Palestina – o vale da Galileia, as colinas da Judeia, o sal e o enxofre da Pentápole. Mas era primavera, e em todos os nossos caminhos floresciam, de maneira alegre e pacífica, todas aquelas mesmas anêmonas e papoulas que floresciam também diante de Raquel, adornavam-se aqueles mesmos lírios do campo e cantavam aqueles mesmos pássaros do céu, cuja bem-aventurada despreocupação foi ensinada pela parábola do Evangelho...

Rosa de Jericó. Na água viva do coração, na umidade pura do amor, da tristeza e da ternura, mergulho as raízes e os caules do meu passado – e eis que, outra vez, outra vez o meu precioso grão vegeta gloriosamente. Afastou-se o inevitável momento em que esta umidade se esgotará, o coração empobrecerá e secará, e o pó do esquecimento cobrirá para sempre a Rosa de minha Jericó.

A canibal

Uma garota pobre, órfã, graciosamente feia, muito quieta, quase ignorante. Levaram-na para o pátio da casa senhorial, deram-lhe o trabalho mais sujo e difícil – ela se esforça sem questionar, calada, tentando agradar de todas as maneiras. O estaroste, ou seja, o mais velho no pátio, um soldado granadeiro reformado, rapidamente a privou da inocência – submeteu-se após uma resistência desesperada, mas patética e infantil. Um mês depois, engravidou e todos souberam de tudo. A mulher do estaroste armou um inferno, a senhoria se apressou em demitir a garota. Derramando-se em lágrimas, a garota socou suas coisinhas em um saco, correu para fora do pátio. A mulher do estaroste, ao parar no limiar do quarto dos empregados, exultava loucamente; cambaleando, assoviava, perseguia-a com os cães, batia com um osso em uma bacia de cobre, gritava com diversas vozes:

— Vadia! Indigente! Pé-rapado! Canibal! Feiticeira!

1930

Lágrimas

Chegou à porta da fazenda uma velha, pedinte. Usando trapos de velha, meias de velha nas pernas secas, de olhos fatigados...
Dei-lhe cinquenta copeques, tentei conversar:
— Bem, vovó, você vai a todos os lugares, fica por todos os cantos, suponho que vê muitas coisas interessantes.
Começou a chorar amargamente:
— Mas o que se pode fazer, meu pai, é claro que vejo!
Mancava pelo pasto o doidinho Vânia[56], de cabelos grisalhos, cortados em tufos, de camisa feminina, com uma bolsa por cima do ombro:
— Olá, Vânia! — Como vai?
Com a língua presa, babando e alegre:
— Com muitas lágrimas, paizinho! Com muitas lágrimas!

1930

---
56 Apelido para "Ivan". (N. T.)

Mária

Na isbá, depois de um almoço farto e festivo. Trabalhadores de botas, camisas limpas, cabelos aparados, com a parte de trás dos pescoços raspada e vermelha.
Dois acordeões rosnam e ecoam habilmente:
E o povo grita:
Fedot com o trepak[57] agita!
Iliúchka[58] e Natáchka[59] andam um na frente do outro, batendo com os saltos, sem trocar olhares.
— Mária, por que está sentada?
Não responde, com um sorriso irônico e sombrio estala sementes de girassóis.
— Ora, ao menos faça uma brincadeira!
Ela sacode a cabeça, olha de esguelha para os dançarinos, com seus olhos negros, bem separados da ponte nasal, semicerrados.
De súbito, levanta-se, ajeita o lenço nos ombros...
Ah, meu Deus, ela foi!
Nem bela, nem jovem, pequena, magricela, mas paralisa o coração de todos: que concentração de forças, de paixão secreta e que por isso mesmo é esplendorosa, harmoniosa!
Iliúchka infla as narinas, esmaga o chão com os saltos, e começa:

---

57 Dança típica russa. (N. T.)
58 Diminutivo de "Iliá". (N. T.)
59 Diminutivo de "Natacha". (N. T.)

Uau, derrame com constância,
Sirva em abundância!

Ela passa flutuando, falando casualmente, de passagem, como que sem vida:

Fui e fiz,
E você nunca está feliz...

1930

Cáucaso

Após chegar a Moscou, parei furtivamente em uns quartos discretos, em um beco ao lado da Rua Arbat, e vivia melancólico e recluso após cada vez que a encontrava. Ela esteve comigo apenas três vezes nestes últimos dias e, todas as vezes, entrou apressada, dizendo:

— Vou ficar apenas um minuto...

Ficava pálida, com a bela palidez de uma mulher amorosa e ansiosa, sua voz falhava, e como ela, após jogar o guarda-chuva em qualquer lugar, corria para levantar o véu e me abraçar, estremecia-me de compaixão e prazer.

— Parece-me — dizia ela — que ele suspeita de algo, que até mesmo sabe de alguma coisa; talvez tenha lido alguma de nossas cartas, pegou a chave da minha mesa... Acho que é capaz de tudo com seu caráter cruel e egoísta. Uma vez, disse-me logo: "Nada me deterá ao defender minha honra, a honra de marido e de oficial!" Agora, por algum motivo, segue literalmente todos os meus passos e, para nosso plano dar certo, devo ser terrivelmente cautelosa. Ele já concordou em me deixar sair, de tanto que o convenci de que morreria se não visse o Sul, o mar, mas, pelo amor de Deus, seja paciente!

Nosso plano era ousado: partir no mesmo trem para a costa do Cáucaso e viver lá em algum lugar completamente selvagem por três ou quatro semanas. Conhecia essa costa, vivi algum tempo perto de Sóchi – era jovem, sozinho –, memorizei para a vida toda aquelas noites outonais entre os ciprestes negros, juntos das ondas cinzentas e frias... E ela empalideceu quando disse: "E agora estarei com você, na selva montanhosa, junto ao mar tropical..." Não acreditávamos na execução do nosso plano até o último minuto – isso parecia uma felicidade demasiadamente grande para nós.

Em Moscou caía uma chuva gelada, parecia que o verão já havia passado e não retornaria mais, estava lamacento, sombrio, as ruas brilhavam molhadas e pretas com os guarda-chuvas abertos dos transeuntes e as capotas levantadas e trêmulas das proliótkas[60] de aluguéis. E era uma noite escura e nojenta; quando fui para a estação, tudo dentro de mim congelou de ansiedade e de frio. Corri pela estação e pela plataforma, puxando o chapéu sobre os olhos e enterrando o rosto na gola do casaco.

Em um pequeno compartimento da primeira classe, que reservei com antecedência, escorria ruidosamente a chuva pelo teto. Imediatamente abaixei a cortina da janela e, assim que o carregador, esfregando a mão molhada em seu avental branco, pegou a gorjeta e saiu, tranquei a porta. Depois, abri um pouquinho a cortina e paralisei, sem tirar os olhos da multidão diversificada, que corria para lá e para cá com as coisas ao longo do vagão, sob as luzes escuras da estação. Combinamos que eu chegaria à estação o mais cedo possível, e ela o mais tarde possível, para que de alguma forma não esbarrasse com os dois na plataforma. Agora já era a hora de eles estarem lá. Ficava olhando cada vez mais tenso, eles não estavam lá. Tocou a segunda chamada – fiquei frio de medo: ela se atrasou ou ele não a deixou sair no último minuto! Mas logo em seguida, fiquei

---

60 A "proliótka" é uma carruagem derivada do "drozhki", mas com o propósito de servir de aluguel, contendo assim uma boleia para o condutor e dois lugares atrás para os passageiros. (N. T.)

impressionado por sua figura alta, usando um quepe de oficial, capote justo e mãos vestidas em luvas de camurça, com as quais ele a segurava pelo braço, a passos largos. Afastei-me da janela, afundei-me no canto do sofá. Ao lado, estava o vagão da segunda classe; via mentalmente como ele entrava de maneira calculada com ela, olhando para trás – para ver se ela havia orientado bem o carregador – e tirava a luva, o quepe, beijando-a, persignando-a... A terceira chamada me atordoou, o trem arrancando me deixou desorientado... O trem partiu, balançando, sacudindo, depois começou a andar de maneira uniforme, a todo vapor... Ao condutor, que a trazia até mim e carregava suas coisas, dei uma nota de dez rublos com a minha mão gelada...

Ao entrar, ela nem sequer me beijou, apenas deu um sorriso lamentoso, sentando-se no sofá e tirando o chapéu preso aos cabelos.

— Não conseguia comer de modo algum — disse ela. — Pensei que não aguentaria esse papel horrível até o fim. Estou com muita sede. Você pode me dar uma narzan[61]? — disse ela, pela primeira vez me tratando como "você" — Estou convencida de que ele me seguirá. Dei-lhe dois endereços, de Gelendzhik e de Gagra. Bem, ele estará em três ou quatro dias em Gelendzhik... Que fique com Deus, melhor a morte do que esse tormento...

De manhã, quando saí para o corredor, ele estava ensolarado, abafado, dos banheiros vinha o cheiro de sabonete, colônia e tudo o que cheirava um vagão lotado pela manhã. Por trás das

---
61 Água mineral medicinal, engarrafada na cidade de Kislovodsk, no Cáucaso, desde 1894. (N. T.)

janelas aquecidas e turvas de poeira, passava uma estepe plana e chamuscada, via-se estradas largas e empoeiradas, arbás[62] puxadas por bois, as casas dos agentes ferroviários, com círculos amarelos dos girassóis e malvas escarlates nos jardins frontais... Mais adiante, passou uma imensa vastidão de planícies nuas, com sepulturas e cemitérios, um sol árido insuportável, o céu, semelhante a uma nuvem de poeira, depois os contornos das primeiras montanhas ao horizonte...

De Gelendzhik e Gagra, ela lhe enviou um cartão-postal, escreveu que ainda não sabia onde ficaria. Depois, descemos ao longo da costa, em direção ao Sul.

Encontramos um local primitivo, coberto por florestas de plátano, arbustos exuberantes, mogno, magnólias, romãs, entre as quais se erguiam palmeiras-leque, ciprestes negros...
Acordava cedo e, enquanto ela dormia, antes do chá, que bebíamos às sete, caminhava pelas colinas até os matagais da floresta. O sol quente já estava forte, limpo e alegre. Nas florestas, a névoa perfumada brilhava em tom de azul, dispersava-se e derretia, atrás dos distantes picos arborizados, brilhava a brancura eterna das montanhas nevadas... De volta, passava pelo quente bazar de nossa aldeia, que cheirava a esterco prensado vindo das chaminés: lá o comércio fervia, era apertado de tanta gente, de pessoas montadas em cavalos ou burros – pela manhã, muitos montanheses de diversas etnias se reuniam ali –, as circassianas, vestidas de preto, com roupas longas até o chão,

---
62 No Cáucaso e regiões do Sul, arbá é o nome que se dá a uma telega longa, com eixo de ferro, puxada por um par de bois ou de cavalos. (N. T.)

andavam suavemente, de tchuviáki[63] vermelhos, com as cabeças embrulhadas em algo preto, com olhares ligeiros de passarinhos, que às vezes surgiam deste embrulho fúnebre.

Depois, íamos para a praia, sempre completamente vazia, tomávamos banho e nos deitávamos ao sol até o café da manhã. Depois do café da manhã – sempre havia peixe frito, vinho branco, nozes e frutas –, na penumbra abafada da nossa cabana, sob o telhado de telhas, faixas de luzes quentes e alegres se estendiam através das venezianas.

Quando o calor baixava e abríamos a janela, parte do mar, visto através dela, entre os ciprestes, que havia na encosta abaixo de nós, tinha uma cor violeta e repousava tão quieto, pacífico, que parecia que essa paz, essa beleza, nunca teriam fim.

Ao pôr do sol, muitas vezes nuvens incríveis se amontoavam acima do mar; brilhavam de forma tão magnífica que às vezes ela se deitava na otomana, cobria o rosto com um lenço de gaze e chorava: mais duas, três semanas – e outra vez Moscou!

As noites eram quentes e escuras como breu, na escuridão negra, besouros de fogo voavam, cintilavam e brilhavam com uma cor de topázio, pererecas soavam como sinos de vidro. Quando os olhos se acostumavam à escuridão, acima surgiam as estrelas e os cumes das montanhas, acima da aldeia, apareciam árvores que não havíamos notado durante o dia. E a noite toda se ouvia de lá, do dukhan[64], uma batida surda de tambor e um grito gutural, melancólico, desesperançosamente feliz, como se tudo fosse a mesma canção sem fim.

Não muito longe de nós, em uma ravina costeira, que descia da floresta até o mar, um límpido riacho corria rapidamente

---

63 Espécie de calçado, parecido com sapatilhas, feito de couro ou pano e sem salto, típico da região do Cáucaso. (N. T.)

64 Nome dado a um pequeno restaurante ou lanchonete na região do Cáucaso e no Oriente Médio. (N. T.)

ao longo do canal pedregoso. Tão maravilhosamente seu brilho se despedaçava e fervia naquela hora misteriosa, quando a lua tardia olhava atentamente por trás das montanhas e das florestas, como alguma criatura maravilhosa!

Às vezes, à noite, nuvens assustadoras se aproximavam das montanhas, caía uma tempestade maligna; na ruidosa escuridão sepulcral das florestas, vez por outra, abriam-se abismos verdes mágicos e trovões antediluvianos se fendiam em alturas celestiais. Então, filhotes de águia acordavam nas florestas e piavam, os leopardos rugiam, os chacais latiam... Uma vez, até nossa janela iluminada, correu uma matilha inteira deles – eles sempre correm para um abrigo em noites assim –, abrimos a janela e olhamos para eles de cima, estavam parados sob a chuva torrencial e latiam, pedindo para entrar... Ela chorou de alegria ao vê-los.

———

Ele procurou por ela em Gelendzhik, em Gagra, em Sochi. No dia seguinte, ao chegar em Sochi, ele nadou no mar pela manhã, depois se barbeou, vestiu roupas limpas, uma túnica branca como a neve, tomou o café da manhã em seu hotel, no terraço do restaurante, bebeu toda uma garrafa de champanhe, tomou café com Chartreuse[65], fumou um charuto inteiro, sem pressa. Ao retornar para seu quarto, deitou-se no sofá e disparou contra suas têmporas com dois revólveres.

12 de novembro de 1937

———

65 Licor francês, produzido pelos monges da Grande Chartreuse, em Grenoble, França. (N. T.)

Alamedas escuras

Em um clima nublado, frio e inclemente de outono, em uma das grandes estradas de Tula, encharcada pela chuva e rasgada por muitos rastros negros, em direção a uma longa isbá, cujo teto dividia com uma estação de posta estatal e com uma acomodação privada, onde se podia descansar ou pernoitar, fazer refeições ou pedir um samovar, seguia uma tarantás[66], com a capota meio levantada, puxada por uma troica de cavalos bastante simples, com as caudas grudadas pela lama. Na boleia da tarantás, havia um robusto mujique, vestindo um armiak[67] bem apertado, de rosto sério e escuro, com uma barba rala alcatroada, parecido com um velho ladrão, mas, dentro da tarantás, havia um velho militar esbelto, de quepe e capote cinza, estilo Nicolau, com gola alta de pele de castor, ainda tinha sobrancelhas negras, mas de bigode branco, que se unia com as suíças da mesma cor; seu cavanhaque era raspado, e toda sua aparência tinha uma semelhança com Alexandre II, que foi tão difundida entre os militares durante o seu reinado; o olhar também era indagador, austero e, ao mesmo tempo, cansado.

Quando os cavalos pararam, colocou um pé para fora da tarantás, calçando uma bota militar de cano liso e, segurando a bainha do capote com as mãos calçadas em luvas de camurça, correu para o alpendre da isbá.

— À esquerda, Vossa Excelência! — gritou com grosseria o cocheiro, de cima da égua, e ele, abaixando-se levemente no

---
66 Tipo de veículo, puxado por cavalos, com uma estrutura alongada, a fim de reduzir os solavancos em viagens de longa distância. (N. T.)

67 Também conhecido como "cafetã de cocheiro", é um casaco longo, de tecido grosso, fechado por um cinto, com capuz e sem botões ou fechos. (N. T.)

limiar da porta, por conta de sua alta estatura, entrou na antessala, depois nos aposentos à esquerda.

Nos aposentos estava quente, seco e o ambiente era asseado: no canto esquerdo havia uma imagem religiosa dourada, nova, sob a qual havia uma mesa, coberta por uma toalha grossa e limpa; atrás da mesa, havia um banco limpo; um forno de cozinha ocupava o extremo canto direito, com uma pintura branca recente, próximo havia algo parecido com uma otomana, coberta por um xairel malhado, que estava encostada ao lado do forno, que, através do abafador, exalava um cheiro de schi[68], que estava cozinhando o repolho, a carne de porco e a folha de louro.

O visitante jogou o capote no banco e pareceu ainda mais esbelto de uniforme e botas; depois tirou as luvas, o quepe e, com uma aparência cansada, passou sua mão pálida e magra pela cabeça; seus cabelos grisalhos, penteados nas têmporas até o canto dos olhos, encaracolavam levemente, e seu belo rosto alongado, com olhos escuros, guardava aqui e acolá pequenos traços de varíola. Não havia ninguém nos aposentos e ele gritou com hostilidade, após abrir um pouco a porta:

— Ei, há alguém aqui!

Logo em seguida, entrou nos aposentos uma mulher de cabelos escuros, também de sobrancelhas negras e bonita apesar da idade, parecendo uma cigana idosa, com uma penugem escura acima do lábio superior e ao longo das bochechas, de andar leve, mas obesa, de seios fartos sob uma blusa vermelha, com uma barriga triangular, como a de um ganso, sob uma saia de lã preta.

— Bem-vindo, Vossa Excelência — disse ela. — Deseja comer ou quer o samovar?

---
68 Sopa tradicional à base de repolho. (N. T.)

O visitante deu uma discreta olhada em seus ombros arredondados e em seus leves pés, calçados em sapatos tártaros desgastados, e respondeu de maneira abrupta e desatenta:

— O samovar. Trabalha aqui ou é a dona?
— Sou a dona, Vossa Excelência.
— Quer dizer que mantém aqui sozinha?
— Exatamente. Sozinha.
— Mas como? Conduz o negócio por que é viúva?
— Não sou viúva, Vossa Excelência, mas é preciso viver de alguma maneira. E gosto de administrar.
— Entendi. Entendi. Isso é bom. E como são limpas e agradáveis suas instalações.

A mulher olhava o tempo todo com um ar inquisitivo, apertando levemente os olhos.

— Gosto da limpeza — respondeu ela. — Pois cresci entre os senhores, como não saber me comportar decentemente, Nikolai Alekséievitch?

Ele se endireitou rapidamente, abriu os olhos e enrubesceu:
— Nadezhda! É você? — disse ele, com pressa.
— Sou eu, Nikolai Alekséievitch — respondeu.
— Meu Deus, meu Deus! — disse ele, sentando-se no banco e olhando-a diretamente. — Quem diria! Há quanto tempo não nos vemos? Uns trinta e cinco anos?
— Trinta, Nikolai Alekséievitch. Agora estou com quarenta e oito, e o senhor, acho que tem quase sessenta?
— Mais ou menos isso... meu Deus, que estranho!
— O que é estranho, senhor?
— Mas ainda, ainda... Como você não entende!

A distração e o cansaço desapareceram, ele se levantou e andou com determinação pelos aposentos, olhando para o chão.

Depois parou e, corando entre os cabelos grisalhos, começou a falar:

— Não sei nada de você deste então. Como veio parar aqui? Por que não ficou com os senhores?

— Eles me deram alforria logo depois do senhor.

— E onde viveu depois?

— É uma longa história, senhor.

— Está dizendo que não se casou?

— Não me casei.

— Por quê? Com tanta beleza que você tinha?

— Não podia fazer isso.

— Por que não podia? O que está querendo dizer?

— O que há para explicar? Suponho que se lembra de como eu o amava.

Ele enrubesceu até lacrimejar e, cerrando as sobrancelhas, tornou a andar.

— Tudo passa, minha amiga — murmurou ele. — O amor, a juventude, tudo, tudo. A história é comum, ordinária. Com o passar dos anos, tudo passa. Como diz no livro de Jó? "Te lembrarás como das águas que já passaram[69]."

— É o que Deus dá, Nikolai Alekséievitch. A juventude passa para qualquer um, mas o amor é outra coisa.

Ele levantou a cabeça e, detendo-se, sorriu dolorosamente:

— Pois você não poderia me amar a vida toda!

— Quer dizer, podia. Por mais que passasse o tempo, vivi sempre sozinha. Sabia que o senhor há muito não era o mesmo, que é como nada houvesse acontecido, mas... Agora é tarde para condenar, mas, é verdade, o senhor me abandonou de maneira muito impiedosa; quantas vezes quis dispor de mim mesma por conta apenas do ressentimento, para não mencionar todo o res-

---

69 Refere-se a Jó 11:16. (N. T.)

to. Pois houve um tempo, Nikolai Alekséievitch, que o chamava de Nikolienka[70], e o senhor se lembra de como me chamava? E desejava ler para mim todos os versos sobre todos os tipos de "alamedas escuras" — acrescentou ela com um sorrisinho hostil.

— Ah, como você era bela! — disse ele, balançando a cabeça. — Tão animada, tão linda! Que figura, que olhos! Lembra-se de como todos olhavam para você?

— Lembro-me. O senhor também era muito bonito. Pois foi para o senhor que dei a minha beleza, a minha animação. Como é que pode ter se esquecido?

— Ah! Tudo passa. Tudo é esquecido.

— Tudo passa, mas nem tudo é esquecido.

— Vá! — disse ele, virando-se e se aproximando da janela.

— Vá, por favor.

E, após tirar o lenço e apertá-lo contra seus olhos, acrescentou rapidamente:

— Se ao menos Deus me perdoasse. E você, pelo visto, perdoou-me.

Ela se aproximou da porta e se deteve:

— Não, Nikolai Alekséievitch, não o perdoei. Uma vez que nossa conversa se refere aos nossos sentimentos, digo de maneira direta: nunca consegui perdoá-lo. Assim como não havia nada mais querido do que o senhor naquela época, também não houve nada depois. Por isso também não posso perdoá-lo. Bem, para que lembrar, águas passadas não movem moinhos.

— Sim, sim, não há necessidade, mande trazer os cavalos — respondeu ele, afastando-se da janela, já com um rosto austero. — Apenas digo uma coisa: nunca fui feliz na vida, não pense que fui, por favor. Desculpe-me, por talvez tocar sua vaidade, mas digo com franqueza: amei minha esposa loucamente. Mas me

---

[70] Apelido para "Nikolai". (N. T.)

traiu, abandonou-me de uma maneira mais ofensiva do que fiz com você. Adorava meu filho, enquanto crescia, tinha grandes esperanças em relação a ele! Mas se saiu como um canalha, um pródigo, insolente, sem coração, sem honra, sem consciência... No entanto, tudo isso é também uma história bem comum, ordinária. Fique bem, querida amiga. Acho que também perdi em você o que tinha de mais querido na vida.

Ela se aproximou e beijou-lhe a mão; ele beijou a dela.

— Mande trazer...

Quando seguiram em frente, ele pensou: "Sim, como era linda! Magicamente linda!" Lembrava-se com vergonha das suas últimas palavras, de ter beijado-lhe a mão, e imediatamente se envergonhou de sua vergonha. "Acaso é mentira que ela me deu os melhores momentos da minha vida?"

Ao crepúsculo, espiou um sol pálido. O cocheiro conduzia a trote, sempre trocando os rastros negros, escolhendo os menos sujos, também pensando em alguma coisa. Por fim, disse com uma seriedade grosseira:

— E ela, Vossa Excelência, ficou olhando o tempo todo pela janela, enquanto partíamos. É verdade que faz muito tempo que a conhece?

— Muito tempo, Klim.

— A mulher é muito inteligente. Dizem que está ficando rica. Empresta dinheiro a juros.

— Isso não quer dizer nada.

— Como não? Quem não quer viver melhor? Se você empresta com consciência, há pouco dano. E ela, dizem, é justa quanto a isso. Mas é severa! Se não devolver no prazo, azar o seu.

— Sim, sim, azar o meu... Acelere, por favor, se não perderemos o trem...

O sol baixo brilhava amarelo sobre os campos vazios, os cavalos batiam uniformemente sobre as poças. Ele olhava para as ferraduras que cintilavam, moveu as sobrancelhas negras, e pensou:

"Sim, azar o meu. Sim, claro, os melhores momentos. E não melhores, mas verdadeiramente mágicos! 'A rosa florescia escarlate por toda a parte, havia alamedas escuras de tílias...'[71] Mas, meu Deus, o que aconteceria depois? E se não a tivesse abandonado? Que disparate! Essa mesma Nadezhda não seria a proprietária da pousada, mas sim minha esposa, dona da minha casa de Petersburgo, mãe dos meus filhos?"

E, fechando os olhos, balançava a cabeça.

20 de outubro de 1938

---

71 Citação, modificada pelo autor, de um trecho do poema "Uma história ordinária", de Nikolai Ogariôv (1813-1877). (N. T.)

A beldade

Um funcionário da Câmara do Tesouro, viúvo, idoso, casou-se com uma beldade, jovenzinha, filha de um comandante militar. Ele era calado e modesto, e ela sabia do seu valor como mulher. Magro, alto, de compleição tísica, ele usava óculos de cor de iodo, falava com um pouco de rouquidão e, se quisesse dizer alguma coisa mais alto, mudava rapidamente para o falsete. Pequena, de compleição perfeita e firme, ela estava sempre bem-vestida, muito atenciosa e cuidadosa com a casa, tinha um olhar atento. Ele parecia tão desinteressado em todos os aspectos, como muitos funcionários provinciais, mas, em seu primeiro casamento, também foi casado com uma beldade – e todos apenas ficaram perplexos: para que e por que essas mulheres se casam com ele?

E eis que a segunda beldade passou a odiar silenciosamente o menino da primeira esposa, fingiu não o notar. Então o pai, por pavor dela, também fingiu que não tinha e nunca tivera um filho. E o menino, naturalmente animado, carinhoso, passou a ter medo de dizer qualquer coisa na presença deles, e ali se escondia totalmente, era como se não existisse na casa.

Logo após o casamento, mudaram-no para dormir do quarto do pai para o sofazinho, em um pequeno cômodo ao lado da sala de jantar, decorado com móveis de veludo azul. Mas o seu sono era inquieto, todas as noites derrubava o lençol e o cobertor no chão. E logo a beldade dizia à empregada:

— É uma vergonha, vai gastar todo o veludo do sofá. Deite-o no chão, Nástia[72], no colchãozinho que lhe mandei esconder no corredor, no grande baú da falecida.

E o menino, em sua completa solidão no mundo, começou a viver uma vida independente, totalmente isolada de toda a casa – inaudível, imperceptível, a mesma coisa diariamente: senta-se humildemente no canto da sala de estar, desenha casinhas na lousa ou lê, sussurrando, por sílabas, sempre o mesmo livrinho ilustrado, comprado ainda na época de sua falecida mãe, olha pela janela... Dorme no chão, entre o sofá e um vaso de palmeira. Ele mesmo se deita na caminha pela noite e ele mesmo, com diligência, recolhe-a, enrola-a pela manhã e a leva para o corredor, até o baú da mamãe. Ali, também está escondido o restante do que é bom para ele.

28 de setembro de 1940

---

72 Forma diminutiva do nome "Anastassía". (N. T.)

Antígona

Em junho, um estudante saiu da propriedade da mãe para a casa do tio e da tia – precisava visitá-los, para saber como estavam vivendo, como estava a saúde do tio, um general que perdera as pernas. O estudante cumpria este dever todos os verões e agora ia com uma tranquilidade humilde, sem pressa, no vagão da segunda classe, colocando sua jovem e farta coxa sobre o sofá, lendo o novo livro de Avertchenko[73], olhando distraidamente pela janela, como os postes do telégrafo subiam e desciam com suas xícaras de porcelana branca em forma de lírios do vale. Ele se parecia com um jovem oficial – apenas seu quepe branco, com fita azul, era de um estudante, tudo o mais era um modelo militar: o casaco branco, as calças de montaria esverdeadas, as botas com canos envernizados, a cigarreira com acendedor laranja.

O tio e a tia eram ricos. Quando ele vinha de Moscou para casa, enviavam para a estação uma pesada tarantas, alguns cavalos de carga e não um cocheiro, mas um trabalhador braçal. E na estação do tio, por algum tempo, sempre entrava em uma vida completamente diferente, no prazer de uma grande prosperidade; começava a se sentir belo, vivaz e educado. Assim também se sentia agora. Agindo involuntariamente como um janota, sentou-se na ligeira caleche com rodas de borracha, puxada por uma troica de cavalos pretos maltintos, conduzida por um jovem cocheiro, usando uma poddiôvka[74] azul sem mangas e camisa de seda amarela.

---
73 Arkadi Timoféievitch Avertchenko (1880-1925), escritor, satírico, dramaturgo, crítico teatral e redator russo da revista "Satirikon". (N. T.)
74 Casaco masculino, comprido, com pequenas pregas na cintura. (N. T.)

Após quinze minutos, a troica saiu voando, tocando suavemente uma série de guizos e pneus sibilantes na areia ao redor do canteiro de flores, em direção ao pátio circular da ampla propriedade, para a varanda da casa nova e espaçosa de dois andares. Na varanda, um servo alto, de meias-suíças, usando um colete vermelho com listras pretas e polainas, saiu para pegar as coisas. O estudante deu um salto habilidoso e inacreditavelmente largo da caleche; sorrindo e balançando-se no caminho, no limiar do vestíbulo, apareceu a tia – um vestido largo de xantungue em um corpo grande e flácido, rosto grande e caído, nariz ancorado e marcas amarelas sob os olhos castanhos. Ela o encheu de beijos carinhosos na bochecha; ele, fingindo alegria, agarrou a sua mão macia e escura, após pensar rapidamente: "é mentir assim por três dias inteiros e, no tempo livre, não saberá o que fazer consigo!" Respondendo de maneira fingida e apressada às indagações falsamente preocupadas sobre sua mãe, ele entrou atrás dela para o grande vestíbulo, olhou com um ódio alegre para o urso marrom empalhado, um tanto curvado, com brilhantes olhos de vidro, que estava de pé, de maneira desajeitada, na entrada da ampla escadaria para o andar superior, segurando servilmente nas patas dianteiras um prato de bronze para os cartões de visita, e, de súbito, até mesmo se deteve por conta de uma surpresa gratificante: a cadeira com o general rechonchudo, pálido, de olhos azuis, rodava suavemente em sua direção, empurrada por uma beldade imponente, alta, de vestido de linho cinza, avental branco e lenço branco, com grandes olhos cinza, toda radiante com a juventude, a força, a pureza, o brilho das mãos lustrosas, com a brancura opaca do rosto. Ao beijar a mão do tio, conseguiu olhar um pouco para a extraordinária simetria do seu vestido, das pernas. O general brincou:

— E esta é a minha Antígona, minha bondosa guia, embora eu também não seja cego, como Édipo, e sobretudo para mulheres bonitas. Apresentem-se, meus jovens.

Ela sorriu levemente, apenas se curvando em resposta à reverência do estudante.

O servo alto, de meias-suíças e colete, levou-o para o andar superior, passando ao lado do urso, por uma escadaria de madeira em um tom brilhante de amarelo-escuro, com um carpete vermelho ao centro, e, por um corredor exatamente igual, conduziu-o para um grande quarto, com um banheiro de mármore ao lado – desta vez, em um quarto diferente de antes, com janelas para o parque, em vez de para o pátio. Mas ele andava sem ver nada. O alegre disparate com o qual entrou na propriedade ainda girava em sua cabeça: "meu tio tem as regras mais honestas", mas já havia outra coisa: "que mulher!"

Começou a se barbear, a se lavar e a se trocar enquanto cantarolava; vestiu calças com alças nos pés, pensando:

"Existem mulheres deste tipo! E o que se pode dar pelo amor de uma mulher assim! E como pode, com uma beleza dessa, ficar empurrando velhos e velhas em cadeiras de rodas!"

E pensamentos absurdos vinham à mente: "pois ficar por aqui um mês, dois, fazer amizade com ela em segredo de todos, na intimidade, evocar seu amor, depois dizer: seja minha esposa, sou todo e para sempre seu. Mamãe, titio, titia ficarão espantados quando lhes informar sobre o nosso amor e a nossa decisão de unir nossas vidas, ficarão indignados, depois haverá persuasão, gritos, lágrimas, maldições, deserdação – graças a vocês, tudo isso não vale nada para mim..."

Enquanto corria pelas escadas até os aposentos do tio e da tia, que ficavam no andar de baixo, pensava:

"No entanto, que disparate vem à minha mente! Permanecer aqui, sob um pretexto qualquer, é claro, pode-se... pode-se começar a cortejar discretamente, fingir estar loucamente apaixonado... Mas será possível conseguir alguma coisa? E se conseguir, e depois? Como se livrar dessa história? Quer mesmo se casar?"

Durante uma hora ficou com a tia e o tio em seu colossal gabinete, com uma espaçosa escrivaninha, uma enorme otomana, coberta por um tecido do Turquestão, um tapete na parede atrás dela, armas orientais penduradas e entrecruzadas, uma mesinha marchetada para fumar; e na lareira havia um retrato fotográfico emoldurado com jacarandá sob uma coroa de ouro, sobre a qual havia um autógrafo feito pelo próprio punho, escrito "Alexandre".

— Como estou feliz, tio e tia, por estar outra vez com os senhores — disse ele, por fim, pensando na enfermeira. — E como é maravilhoso estar aqui! Será uma pena partir.

— E quem está expulsando você? — respondeu o tio — Qual é a pressa? Aproveite até enjoar.

— É claro — disse a tia, distraída.

Enquanto ficava sentado e conversava, esperava incessantemente: ela está prestes a entrar – a camareira avisará que o chá está na sala de jantar e ela virá para carregar o tio. Mas o chá foi servido no gabinete – trouxeram a mesa com a chaleira de prata em um fogareiro a álcool, e a tia serviu. Depois, ainda tinha esperança de que ela trouxesse algum remédio ao tio... Mas também não apareceu.

"Ora, ela que se lixe", pensou, saindo do gabinete e entrou na sala de jantar, onde a empregada baixava as cortinas nas janelas altas e ensolaradas. Por algum motivo deu uma olhada à direita, para as portas do salão, onde, antes do anoitecer, as bases de vidro das pernas do piano de cauda reluziam no parquete; depois, passou para a esquerda, para a sala de estar, depois da qual havia a saleta; da sala de estar saiu para a varanda, desceu para o canteiro de flores multicolorido, contornou-o e perambulou pela alameda alta e sombrosa... Sob o sol estava ainda mais quente, e ainda restavam duas horas até a refeição.

Às sete e meia, começou a soar o gongo no vestíbulo. Primeiro ele entrou na sala de jantar com um lustre festivamente reluzente, onde, junto à mesinha da parede, estava de pé o gordo e barbeado cozinheiro, todo de branco e engomado, um lacaio magricela de casaca, com luvas brancas de malha, e uma pequena empregada, delicada à francesa. Um minuto depois, entrou a tia, como uma rainha grisalha, balançando, usando um vestido de seda amarelo-claro com rendas de cor creme, com protuberâncias nos tornozelos, sobre os justos sapatos de seda e, finalmente, ela. Mas, após empurrar o tio até a mesa, imediatamente, sem se virar, saiu suavemente; o estudante conseguiu apenas notar a estranheza em seus olhos: eles não piscavam. O tio se persignou no peito da tuzhurka[75] cinza-claro de general, fazendo pequenos gestos; a tia e o estudante se persignaram de pé, da maneira apropriada, depois se sentaram e desenrolaram os brilhantes guardanapos. Acabado, pálido, com cabelos finos e molhados penteados, o tio mostrava sua doença desesperançosa de maneira especialmente clara, mas falava e comia bastante e com gosto, encolhia os ombros ao falar da guerra – era a época da Guerra Russo-Japonesa[76], por que diabos iniciamos isso! O lacaio servia com uma apatia insultuosa; a empregada, enquanto o ajudava, caminhava com as perninhas graciosas; o cozinheiro servia os pratos com a pomposidade de uma estátua.

75 Tipo de jaqueta de oficial, comprida até a cintura, peito único e duas carreiras de botões, utilizada em ocasiões formais. (N. T.)

76 Conflito ocorrido entre 1904 e 1905, pela disputa de territórios da Manchúria e da Coreia. (N. T.)

Comeram sopa de lota-do-rio, quente como fogo, rosbife malpassado e batata bolinha polvilhada com dill. Beberam vinho branco e tinto do príncipe Golítsin[77], um velho amigo do tio. O estudante falava, respondia, assentia com sorrisinhos alegres, mas, como um papagaio, com aquele disparate na mente, com o qual há pouco trocava de roupas, pensava: "E onde é que ela está jantando, acaso com os empregados?" E contava os minutos para quando ela retornasse para levar o tio, e então os dois se encontrariam em algum lugar e trocariam ao menos algumas palavras. Mas ela chegou, levou a cadeira e tornou a desaparecer em algum lugar.

À noite, os rouxinóis cantavam com discrição e atenção no parque, o ar fresco entrava pelas janelas abertas do quarto, o orvalho começava a cair sobre o canteiro de flores, as roupas de cama de linho holandês estavam frias. O estudante se deitou na escuridão e já decidira se virar contra a parede e adormecer, mas, de súbito, levantou a cabeça, soergueu-se: ao se despir, viu na parede da cabeceira da cama uma pequena porta; por curiosidade, girou nela a chave e encontrou uma segunda porta atrás dela, tentou abri-la, mas ocorreu que estava trancada por fora; agora, atrás destas portas, alguém andava suavemente, fazendo alguma coisa misteriosa; e ele prendeu a respiração, desceu da cama, abriu a primeira porta, e ouvia: algo começava a tocar suavemente no chão atrás da segunda porta... Ele ficou gelado: "scrá que é o quarto dela?" Encostou-se no buraco da fechadura – chave, felizmente não havia – viu a luz, a borda da penteadeira, depois algo branco, que de súbito se levantava e fechava tudo... Era, sem dúvida, o quarto dela, de quem mais seria? Não colocariam a camareira aqui, e Mária Ilínichna, a velha camareira da tia, dorme no andar de baixo, ao lado do quarto dela. E ficou imediatamente doente com a pro-

---

77 Refere-se a Liev Serguêievitch Golítsin (1845-1915), enólogo, fabricante de vinho russo e fundador da fábrica de vinhos espumantes no país. (N. T.)

ximidade noturna da enfermeira, bem ali, atrás da parede, e com a sua inacessibilidade. Por muito tempo não dormiu, acordou tarde e tornou a sentir de imediato, via em sua mente, imaginava sua camisola transparente, as pernas nuas de sapatos...

"É hora de ir embora, agora!", pensou, começando a fumar.

De manhã, cada um tomou café em seu quarto. Bebeu, sentado com a camisola larga do tio, com seu roupão de seda, e se olhou com a tristeza da inutilidade, após abrir o roupão.

Durante o café da manhã, na sala de jantar, o ambiente estava sombrio e entediante. Ele tomou o café da manhã apenas com a tia, o tempo estava feio – através das janelas, as árvores se sacudiam por conta do vento, acima delas se atufavam nuvens negras...

— Bem, querido, vou abandonar você — disse a tia ao se levantar e se persignar. — Divirta-se o quanto puder, e perdoe a mim e ao seu tio, por conta das nossas fraquezas, ficamos em nosso canto até a hora do chá. É certo que vai chover, senão poderia montar a cavalo...

Ele respondeu com alegria:

— Não se preocupe, tia, vou ficar lendo...

E foi para a saleta, onde todas as paredes tinham prateleiras com livros.

Ao passar pela sala de estar, pensou que talvez devesse mandar selar um cavalo. No entanto, nas janelas se via as diversas nuvens de chuva e o desagradável azul metálico entre as nuvens lilás, sobre as copas das árvores oscilantes. Entrou na confortável saleta, que cheirava a fumaça de cigarro, onde, sob prateleiras de livros, sofás de couro ocupavam três paredes inteiras, olhou algumas lombadas de livros maravilhosamente encadernados e sentou-se desamparado, afundando-se no sofá. Sim, um tédio infernal. Se ao menos a visse, conversasse com ela... para conhecer sua voz, sua personalidade, se é tola ou, pelo contrário, é muito esperta, desempenhando seu papel com modéstia até um momento favorável. É provável que seja uma canalha muito consciente e que saiba o seu valor. E provavelmente tola... Mas muito bonita! E outra vez pernoitou ao lado dela! — Levantou-se, abriu a porta de vidro que dá para os degraus de pedra do parque, ouviu o chilrear dos rouxinóis ao seu ruído, mas ali soprava um vento tão frio em algumas árvores jovens à esquerda, que ele pulou para dentro da sala. Ela estava escura, o vento soprava naquelas árvores, curvando sua fresca vegetação, e os vidros das portas e janelas começavam a brilhar com os respingos fortes da chuva fina.

— Mas eles não se importam! — disse em voz alta, ouvindo o chilrear dos rouxinóis que vinham de todos os lados, por conta do vento, ora distante, ora próximo. E, naquele mesmo instante, ouviu uma voz suave:

— Eles ganharam o dia.

Ele lançou um olhar e ficou atordoado: ela estava na sala.

— Vim trocar um livro — disse ela com uma impassividade afável. — Apenas os livros me alegram — acrescentou com um leve sorriso, e aproximou-se das prateleiras.

Ele murmurou:

— Bom dia. Nem sequer ouvi quando a senhorita entrou...

— Os tapetes são muito macios — respondeu e, virando-se, já olhando de maneira prolongada para ele, com seus olhos cinzentos que não piscam.

— E o que gosta de ler? — perguntou ele, encontrando o olhar dela com um pouco mais de ousadia.

— Agora estou lendo Maupassant[78], Octave Mirbeau[79]...

---

78 Henri René Albert Guy de Maupassant (1850-1893), escritor e poeta francês. (N. T.)
79 Octave Henri Marie Mirbeau (1848-1917), escritor, crítico de arte e jornalista francês. (N. T.)

— Ah, claro, é compreensível. Todas as mulheres gostam de Maupassant. É todo voltado para o amor.
— E o que pode ser melhor do que o amor?
Sua voz era humilde, os olhos sorriam em silêncio.
— O amor, o amor! — disse ele, suspirando. — Há encontros incríveis, mas... Qual é o seu nome, enfermeira?
— Katerina Nikoláievna. E o seu?
— Chame-me apenas de Pávlik[80] — respondeu, cada vez mais ousado.
— Está achando que também posso ser sua tia?
— Daria tudo para ter uma tia assim! Por enquanto, sou apenas seu infeliz vizinho.
— Acaso isso é uma infelicidade?
— Ouvi a senhorita na noite passada. O seu quarto é ao lado do meu.
Ela começou a rir com indiferença:
— Também ouvi o senhor. Não é bom ficar ouvindo e espiando.
— Como a senhorita é inadmissivelmente bela! — disse ele, examinando diretamente a variedade cinza dos seus olhos, a brancura opaca de seu rosto e o lustro dos cabelos escuros sob o lenço branco.
— O senhor acha? E quer me impedir de ser assim?
— Quero. Só suas mãos já podem levar à loucura...
E, com uma audácia alegre, pegou a mão direita dela com sua mão esquerda. Ela, parada de costas para as prateleiras, lançou um olhar por cima dos ombros dele para a sala de estar e não afastou as mãos, olhando-o com um sorriso estranho, como que aguardando: bem, e agora? Ele, sem soltar as mãos dela, apertou-a com firmeza, puxando-a para baixo, e agarrou-lhe na lombar com a mão direita. Katerina lançou outro olhar

---

80 Diminutivo de "Pável". (N. T.)

por cima dos ombros dele e, inclinou levemente a cabeça, como que protegendo o rosto de um beijo, mas pressionou-se contra ele com a cintura arqueada. Com dificuldade para respirar, ele se aproximou dos lábios entreabertos dela e a conduziu para o sofá. Ela, de sobrancelhas cerradas, balançou com a cabeça, sussurrando: "Não, não, não pode, deitados não veremos nem ouviremos nada..." E, com os olhos opacos, afastou lentamente as pernas... Um minuto depois, ele tombou seu rosto contra o ombro dela. Ela ainda estava de pé, cerrando os dentes; depois, livrou-se dele em silêncio e caminhou bem-disposta pela sala de estar, falando alto e indiferente ao barulho da chuva:

— Oh, que chuva! E todas as janelas estão abertas lá em cima...

Na manhã seguinte, ele acordou na cama dela – ela se virou na cama, aquecida durante a noite, com os lençóis dobrados nas costas, após colocar o braço nu atrás da cabeça. Ele abriu os olhos e encontrou alegremente o olhar imutável da enfermeira; com uma vertigem de desmaiar, sentiu o cheiro azedo das axilas dela...

Alguém bateu à porta com pressa.

— Quem é? — perguntou ela, com calma, sem afastá-lo. — É a senhora, Mária Ilínichna?

— Sim, Katerina Nikoláievna.

— O que houve?

— Deixe-me entrar, temo que alguém me ouça, saia correndo e assuste a generala...

Quando ele correu para seu quarto, ela virou a chave na fechadura, sem pressa.

— Sua Excelência, algo não está bem com ele, acho que é preciso dar uma injeção — começou a sussurrar Mária Ilínichna, entrando. — Graças a Deus, a generala ainda está dormindo, vá logo...

Os olhos de Mária Ilínichna já estavam arregalados como de uma cobra: enquanto falava, subitamente viu sapatos masculinos ao lado da cama – o estudante fugiu descalço. E ela também viu os sapatos e os olhos de Mária Ilínichna.

Antes do café da manhã, ela foi até o quarto da generala e disse que deveria partir imediatamente: começou a serenamente mentir que recebera uma carta do pai, com a notícia de que seu irmão havia sido gravemente ferido na Manchúria, que o pai, por conta da viuvez, estava totalmente sozinho em tal infortúnio...

— Ah, como entendo a senhorita! — disse a generala, já sabendo de tudo por meio da Mária Ilínichna. — Ora, o que fazer, vá. Apenas envie da estação um telegrama ao doutor Krivtsov, para que venha rapidamente e fique conosco enquanto procuramos outra enfermeira...

Depois, bateu na porta do estudante e enfiou um bilhetinho embaixo dela: "Está tudo perdido, vou partir. A velha viu seus sapatos ao lado da cama. Não guarde rancor".

Durante o café da manhã, a tia estava apenas um pouco triste, mas falava com ele como se nada tivesse acontecido.

— Você ficou sabendo? A enfermeira está partindo para a casa do pai, ele é sozinho, o irmão dela está gravemente ferido...

— Fiquei sabendo, tia. Essa é a desgraça desta guerra, tanta tristeza por toda parte. E o que aconteceu com o tio?

— Ah, nada grave, graças a Deus. Estava terrivelmente confuso. Parece ser o coração, mas é tudo por conta do estômago...

Às três horas, Antígona foi levada de troica para a estação. Ele, sem levantar os olhos, despediu-se dela na varanda, como se tivesse saído correndo ao acaso, para mandar selar o cavalo. Estava pronto para gritar de desespero. Ela acenou para ele da caleche com a luva, já sentada não com um lenço na cabeça, mas com um belo chapéu.

2 de outubro de 1940

Segunda-feira pura[81]

Escureceu o dia cinzento de inverno de Moscou, o gás nas lanternas se acendeu de maneira fria, as vitrines das lojas se acendiam de maneira quente – e começava a se acender a vida noturna, que se libertava dos assuntos diurnos de Moscou: os trenós de aluguéis corriam com mais velocidade e vivacidade, os bondes lotados e ligeiros soavam mais fortes – na penumbra, já se via como estrelas verdes caíam dos fios com um silvo – os transeuntes, turvamente entenebrecidos, apressavam-se com mais animação pelas calçadas nevadas... Todas as noites, a essa hora, meu cocheiro me levava, em um trotador de tração, do Portão Vermelho[82] à Catedral de Cristo Salvador: ela morava em frente; todas as noites a levava para jantar no "Praga", no "Hermitage", no "Metropol", depois do jantar íamos aos teatros, aos concertos e de lá para o "Yar", para o "Strelna"... Não sabia como tudo isso acabaria e tentava não pensar, não especular, era inútil – bem como falar com ela a respeito disso: parou de falar sobre o nosso futuro de uma vez por todas; era enigmática, incompreensível para mim, estranho também era o meu relacionamento com ela – ainda não éramos totalmente próximos; e tudo isso me mantinha em uma tensão insolúvel, em uma expectativa dolorosa – e, ao mesmo tempo, eu era inefavelmente feliz a cada hora que passava ao lado dela.

Por algum motivo ela fazia cursos, frequentava-os muito raramente, mas frequentava. Uma vez perguntei: "Para quê?" Ela

---
81   Refere-se ao primeiro dia da Grande Quaresma dos cristãos orientais, acontece na sexta segunda-feira que antecede o Domingo de Ramos. (N. T.)
82   Era um conjunto de arcos triunfais, localizado em Moscou, demolido em 1927. (N. T.)

encolheu os ombros: "E para que se faz todas as coisas no mundo? Acaso entendemos alguma coisa dos nossos atos? Além disso, tenho interesse em história..." Ela morava sozinha – seu pai, viúvo, um homem instruído, de uma nobre família de comerciantes, vivia em paz em Tver e poupou alguma coisa, como todos esses comerciantes fazem. No prédio, em frente à Catedral do Salvador, alugou um apartamento de canto, por conta da vista para Moscou, no quinto andar, de apenas dois cômodos, mas espaçosos e bem decorados. No primeiro cômodo, havia muito espaço para um amplo sofá turco, um caro piano, no qual aprendia o início lento, maravilhosamente sonâmbulo de "Sonata ao luar[83]" – apenas o início –, no piano e no aparador desabrochavam elegantes flores em vasos facetados – de acordo com a minha ordem de entregá-las frescas todos os sábados à noite – e quando ia até sua casa, aos sábados à noite, ela, deitada no sofá, sobre o qual, por algum motivo, havia um retrato de Tolstói descalço, estendia-me lentamente sua mão para um beijo e dizia distraidamente: "Obrigada pelas flores..." Trazia-lhe uma caixa de chocolates, livros novos – Hofmannsthal[84], Schnitzler[85], Tetmejer[86], Przybyszewski[87] – e recebia o mesmo "obrigada" e a quente mão estendida, às vezes uma ordem para me sentar ao lado do sofá, sem tirar o casaco. "Não se sabe por quê", dizia ela, pensativa, olhando para o meu colarinho de castor, "mas parece que nada pode ser melhor do que o cheiro do ar invernal, com o qual você vem do pátio e entra no cômodo..." Ela parecia não precisar de nada: nem das flores, dos livros, dos almoços, dos

---

[83] Sonata para piano nº 14, Opus 27, nº 2, composta por Ludwig Van Beethoven, em 1801. (N. T.)

[84] Hugo von Hofmannsthal (1874 - 1929), escritor e dramaturgo austríaco. (N. T.)

[85] Arthur Schnitzler (1862 - 1931), escritor e médico austríaco. (N. T.)

[86] Kazimierz Przerwa-Tetmajer (1865 - 1940), poeta, romancista, dramaturgo, jornalista e escritor polonês. (N. T.)

[87] Stanisław Feliks Przybyszewski (1868 - 1927), romancista, dramaturgo e poeta polonês. (N. T.)

teatros, dos jantares fora da cidade, embora, ainda assim, as flores fossem suas favoritas e não favoritas, sempre lia todos os livros que lhe trazia, o chocolate comia a caixa inteira em um único dia, no almoço e no jantar comia tanto quanto eu, amava rasstegai[88] com sopa de lota-do-rio, galinha-montês rosa frita com creme de leite azedo, às vezes dizia: "Não entendo como as pessoas não se cansam disso a vida inteira, almoçar e jantar todos os dias" – mas ela mesma almoçava e jantava com uma compreensão moscovita sobre o assunto. Sua fraqueza óbvia se resumia a boas roupas: veludo, seda, peles caras...

Éramos ricos, saudáveis, jovens e tão bonitos que, nos restaurantes e concertos, acompanhavam-nos com olhares. Eu, naquela época, sendo um nativo da província de Penza, por alguma razão era bonito, com uma beleza sulista, sensual, era até mesmo "indecentemente bonito", como uma vez me disse um famoso ator, um homem monstruosamente gordo, um grande glutão e inteligente. "Só o diabo sabe quem o senhor é, algum tipo de siciliano" – disse ele; e meu caráter era sulista, vivaz, sempre pronto para um sorriso feliz, para uma boa piada. Ela tinha uma beleza hindu, persa: um rosto moreno em tom de âmbar, os cabelos esplêndidos e um tanto sinistros em sua densa negritude, sobrancelhas suavemente brilhantes, como a pele de zibelina negra, olhos negros como um carvão aveludado; a boca cativante com lábios carmesim aveludados, sombreada por uma escura penugem; ao sair, frequentemente usava um vestido de veludo cor de romã e sapatos da mesma cor, com fivelas douradas (mas nos cursos andava como uma modesta estudante, tomava café da manhã por trinta copeques, no refeitório vegetariano da rua Arbat). E por mais que eu fosse propenso à tagarelice, à alegria sincera, ela era, na maioria das vezes, silenciosa: sempre estava pensando em algo, sempre parecia estar se

---

88 Espécie de perogi, com uma abertura no topo. (N. T.)

aprofundando mentalmente em alguma coisa; deitava-se no sofá com o livro em mãos, muitas vezes o baixava e olhava para frente de maneira indagadora, via isso ao ir a sua casa às vezes durante o dia, porque todos os meses, por uns três ou quatro dias, não saía de casa de forma alguma, ficava deitada e lia, forçando-me a sentar em uma cadeira ao lado do sofá e ler em silêncio.

— O senhor é terrivelmente tagarela e inquieto — dizia ela —, deixe-me terminar o capítulo...

— Se não fosse tagarela e inquieto, talvez nunca teria conhecido a senhorita — respondia, lembrando-lhe com isso quando nos conhecemos: um dia em dezembro, após aparecer no Círculo Artístico[89] para a palestra de Andrei Biéli[90], que ele apresentou cantando, correndo e dançando no palco, eu me contorcia e gargalhava tanto, que ela, por acaso sentada na poltrona ao meu lado e a princípio me olhando com uma certa perplexidade, por fim, também começou a rir, e logo me virei para ela com alegria.

— Está certo — disse ela —, mas ainda assim fique um pouco calado, leia alguma coisa, fume...

— Não consigo ficar calado! A senhorita não pode imaginar toda a força do meu amor! A senhorita não me ama!

— Imagino, sim. E quanto ao meu amor, então sabe muito bem que, além do senhor e do meu pai, não tenho mais ninguém neste mundo. De qualquer forma, o senhor é o meu primeiro e último. Não é o suficiente? Mas não falaremos mais disso. Não dá para ler com o senhor, vamos tomar um chá...

E levantei-me, fervi a água na chaleira elétrica, na mesinha atrás do sofá, peguei pires e xícaras da cristaleira de nogueira,

---

89 Refere-se ao Círculo Artístico Literário, um clube que existiu entre 1898 e 1920 em Moscou. (N. T.)
90 Andrei Biéli (1880 - 1934), romancista, poeta, teórico e crítico literário russo. (N. T.)

que ficava no canto, atrás da mesinha, falando o que me vinha à cabeça:

— A senhorita já leu o "Anjo de Fogo[91]"?

— Dei uma olhada. É tão grandiloquente que dá vergonha de ler.

— E por que a senhorita saiu de repente do concerto de Chaliápin[92]?

— Era ousado demais. E, ademais, não gosto da Rus' de cabelos amarelos.

— A senhorita não gosta de nada!

— Sim, há muitas coisas...

"Amor estranho!", pensei e, enquanto fervia a água, de pé, olhava para as janelas. No quarto cheirava a flores, e ela se unia a mim com este cheiro; através de uma janela, ao longe, repousava uma enorme imagem cinza-azulada de Moscou, do outro lado do rio; em outra, à esquerda, via-se parte do Kremlin, no lado oposto, bem próximo, uma nova e enorme massa branca de Cristo Salvador, em cuja cúpula dourada refletiam as manchas azuladas das gralhas, que sempre circulavam em torno dela... "Cidade estranha!", disse a mim mesmo, pensando nas ruas Okhótni Riad, Iverskaia, na Catedral de São Basílio. A Catedral de São Basílio e da Transfiguração do Salvador são catedrais italianas – e há algo de quirguiz nas pontas das torres, nas muralhas do Kremlin...

Ao chegar o anoitecer, às vezes eu a fazia se sentar no sofá usando apenas um arkhalig[93] de seda, enfeitado com zibelina, "herança de minha avó de Astracã", dizia ela, sentava-me ao lado

---

91 Refere-se à obra de Valéri Bríussov (1873 - 1924), publicada em 1907. (N. T.)
92 Fiódor Ivanovitch Chaliápin (1873-1938), cantor russo de ópera e música de câmara, dotado de uma voz de baixo profundo. (N. T.)
93 Roupa típica dos povos do Cáucaso e do Irã. (N. T.)

dela, na penumbra, sem acender as luzes, e beijava suas mãos, pernas, o corpo maravilhoso em sua suavidade... E ela não se opunha a nada, mas sempre calada. Procurava por seus lábios quentes a cada minuto; ela os entregava, já respirando com ímpeto, mas sempre calada. Quando percebia que já não era mais capaz de me controlar, afastava-me, sentava-se e, sem levantar a voz, pedia para que acendesse a luz, depois partia para o quarto. Eu acendia a luz, sentava-me no tamborete giratório próximo ao piano e, voltando a mim aos poucos, esfriava da animação inebriante. Quinze minutos depois, ela saía do quarto vestida, pronta para sair, serena e simples, como se nada tivesse acontecido antes:

— Para onde vamos hoje? Ao "Metropol", talvez?

E tornávamos a conversar a noite toda sobre algo secundário. Logo depois da nossa aproximação, quando comecei a falar de casamento, ela me disse:

— Não, eu não sirvo para ser esposa. Não sirvo, não sirvo...

Isso não me desanimou. "Veremos isso lá na frente!" – disse comigo, na esperança de que com o tempo sua decisão mudasse, e não falei mais em casamento. Nossa intimidade incompleta às vezes parecia insuportável, mas o que me restava além da esperança no tempo? Uma vez, ao me sentar ao lado dela naquela noite escura e silenciosa, agarrei-a pela cabeça:

— Não, isso está além das minhas forças! E para que, por que precisa torturar de maneira tão cruel a mim e à senhorita?!

Ela ficou em silêncio.

— E, apesar de tudo, não é amor, não é amor...

De maneira equilibrada, respondeu da escuridão:

— Pode ser. Quem sabe o que é o amor?

— Eu, eu sei! — exclamei. — E vou esperar até que a senhorita saiba o que é o amor, a felicidade!

— Felicidade, felicidade... "A nossa felicidade, amigo, é como água na rede de pesca: você puxa e ela incha, mas tira da água e não há nada".
— O que é isso?
— Foi assim que Platon Karatáiev disse a Pierre[94].
Fiz um gesto com a mão:
— Ah, para o inferno com essa sabedoria oriental!
E outra vez falei a noite toda apenas sobre assuntos secundários: sobre a nova produção do Teatro de Arte[95], o novo conto de Andreiev[96]... Para mim, outra vez era o bastante estar sentado bem perto dela, primeiro em um trenó ligeiro e deslizante, mantendo-a em um casaco de pele lisa, depois entro com ela no salão lotado do restaurante sob a marcha de "Aída[97]", como e bebo ao lado dela, ouço sua voz lenta, olho para os lábios que beijei uma hora antes, "sim, beijei", falo comigo, olhando para eles com uma gratidão entusiasmada, para a penugem escura sobre eles, para o vestido de veludo romã, para a inclinação dos ombros e para o oval dos seios, sentindo um cheiro levemente picante dos seus cabelos, pensando: "Moscou, Astracã, Pérsia, Índia!" Nos restaurantes fora da cidade, ao final do jantar, quando ficava cada vez mais barulhento e envolto pela fumaça do tabaco, ela, também fumando e ficando embriagada, levava-me às vezes para um gabinete separado, pedia para chamar os ciganos, e eles entravam deliberada e descaradamente ruidosos: à frente do coro, com um violão pendurado no ombro com fitas azuis, entrava um velho cigano de casaquin com galões, com a fuça cinza-azulada como um afogado e de cabeça pelada como

---

94 Refere-se à obra "Guerra e paz", livro 2, vol. 4, cap. XII, de Liev Tolstói. (N. T.)
95 Teatro de Arte de Moscou é uma companhia de teatro fundada em 1897. (N. T.)
96 Leonid Andreiev (1871 - 1919), escritor e dramaturgo russo, um dos pioneiros do Expressionismo russo. (N. T.)
97 Refere-se à "Marcha triunfal" da ópera "Aída", de Giuseppe Verdi (1813 - 1901). (N. T.)

uma bola de ferro fundido. Atrás dele vinha uma cigana, com uma franja cor de alcatrão na testa, e começava a cantar... Ela ouvia a canção com um sorriso lânguido e estranho... Às três, às quatro horas da manhã, eu a levava para casa, na entrada, fechando os olhos de felicidade, beijava a pele molhada da sua gola do casaco e, com uma espécie de ousadia entusiasmada, voava para o Portão Vermelho. E amanhã, e depois de amanhã, será sempre igual, pensava eu – sempre o mesmo tormento e sempre a mesma felicidade... Bem, apesar de tudo, é uma felicidade, uma grande felicidade!

Assim passou janeiro, fevereiro, chegou e passou a Maslenitsa[98]. No Domingo do Perdão[99], cheguei e ela me encontrou já vestida, de casaco curto de astracã, chapéu de astracã e de botas de feltro pretas.

— Toda de preto! — disse eu, encontrando-a com alegria, como sempre.

Seus olhos estavam carinhosos e serenos.

— Pois amanhã é Segunda-feira Pura — respondeu ela, tirando do regalo de astracã e dando-me a mão enluvada com pelica preta. — "Senhor e Mestre da minha vida...[100]", quer ir ao Convento de Novodevitchi?

Fiquei surpreso, mas apressei-me a dizer:
— Quero!
— Bem, todas as tabernas são iguais — acrescentou ela. — Eis que ontem, de manhã, fui ao cemitério de Rogozhskoie...

Fiquei ainda mais surpreso:

---

[98] Festa popular russa, com tradições pagãs, celebrada durante a última semana antes da Quaresma. (N. T.)

[99] Na religião ortodoxa é o último domingo antes da Quaresma ou o sétimo domingo antes da Páscoa. (N. T.)

[100] Referência à oração de São Efrém da Síria, utilizada durante a Grande Quaresma na Igreja Ortodoxa Oriental. (N. T.)

— Ao cemitério? Para quê? É algum cismático famoso?

— Sim, um cismático. A Rus' pré-petrina[101]! Sepultaram seu arcebispo. E imagina só: o caixão é um tronco de carvalho, como na Antiguidade, brocado de ouro como se fosse forjado, a face do falecido é coberta com um "vozdúkh[102]" branco, com uma grande inscrição bordada em preto – uma beleza e um horror. Junto ao caixão, diáconos com ripidions e trikirions...

— De onde a senhorita conhece isso? Ripidions[103], trikirions[104]!

— O senhor é que não me conhece.

— Não sabia que a senhorita era tão religiosa.

— Isso não é religiosidade. Não sei que... Mas, por exemplo, vou muitas vezes, à noite ou de manhã, para as catedrais do Kremlin, quando o senhor não me arrasta para restaurantes, e nem desconfia... Então: diáconos, os próprios! Peresvet e Osliábia[105]! E em dois kliros[106], dois coros, também todos Peresvets: altos, poderosos, de cafetãs pretos, cantando, ecoando – ora um coro, ora o outro –, e todos em uníssono e não por notas, mas por "ganchos[107]". E o interior do túmulo era forrado com brilhantes ramos de abeto, e no pátio havia frio, sol, neve ofuscante... Mas não, o senhor não entende isso! Vamos...

---

101 Refere-se à Rus' anterior a Pedro I. (N. T.)

102 Tecido utilizado para cobrir o cálice e o prato no altar durante a missa, bem como para outros usos. É o mesmo utensílio que o Aër das igrejas católicas ocidentais que seguem o ritual bizantino. (N. T.)

103 Objeto de forma circular, preso a um bastão, utilizado no culto cristão oriental, (N.T.)

104 Castiçal litúrgico, utilizado pela Igreja cristã oriental para abençoar o clero e os fiéis. (N.T.)

105 Refere-se a Aleksandr Peresvet e Rodión Osliábia, santos da Igreja Ortodoxa Russa. (N. T.)

106 Seção da igreja ortodoxa destinada ao coro. (N. T.)

107 Símbolo da notação musical utilizada na Igreja Ortodoxa Russa, para o canto Znamenni, um canto litúrgico em uníssono e melismático. (N. T.)

A noite foi pacífica, ensolarada, com geada nas árvores; as garças conversavam em silêncio nas paredes de tijolos cor de sangue do convento, pareciam freiras, os carrilhões vez por outra tocavam com sutileza e tristeza no campanário. Rangendo em silêncio pela neve, entramos pelo portão, seguimos pelas veredas nevadas ao longo do cemitério; o sol acabara de se pôr, ainda estava totalmente claro, os galhos na geada estavam maravilhosamente desenhados em tom coral acinzentado no verniz dourado do pôr do sol, e secretamente aqueciam ao nosso redor as luzes serenas, tristonhas e inextinguíveis das lamparinas, dispersas sobre os túmulos. Segui atrás dela, olhando com ternura para suas pequenas pegadas, para as estrelinhas que deixavam na neve as novas botas pretas – ela subitamente se virou, ao perceber isso.

— É verdade, como o senhor me ama! — disse ela, balançando a cabeça com uma perplexidade silenciosa.

Ficamos próximos dos túmulos de Ertel[108], de Tchékhov. Mantendo as mãos abaixadas no regalo, ela ficou olhando por muito tempo para o monumento do túmulo de Tchékhov, depois encolheu os ombros:

— Que mistura desagradável de decoração estilo russa e Teatro de Arte!

Começou a escurecer, congelou, saímos devagar pelo portão, perto do qual estava meu Fiódor, obediente, sentado na boleia.

— Vamos passear mais um pouco — disse ela —, depois vamos comer as últimas panquecas no Egorov... Mas não muito rápido, certo, Fiódor?

— Sim, senhora.

— Em algum lugar, na Ordinka, tem a casa onde viveu Griboiédov[109]. Vamos procurá-la...

---

108 Aleksandr Ertel (1855-1908), escritor russo, representante da prosa popular. (N. T.)
109 Aleksandr Griboiédov (1795-1829), dramaturgo, compositor e diplomata russo. (N. T.)

E por algum motivo fomos para a Rua Ordinka, andamos por muito tempo por alguns becos nos jardins, estivemos no beco de Griboiédov; mas quem é que poderia nos mostrar em qual casa viveu Griboiédov – não havia uma alma viva, e quem poderia precisar de Griboiédov? Havia escurecido há tempos, as janelas acesas ficaram rosa por trás das árvores na geada.

— Há também o Convento Marfo-Marinskaia[110] — disse ela.

Comecei a rir:

— Outra vez no convento?

— Não, estou apenas dizendo...

No andar inferior da taberna de Egorov, em Okhótni Riad, estava cheio de cocheiros desgrenhados, vestindo roupas pesadas, cortando pilhas de panquecas, excessivamente inundadas de manteiga e creme azedo; estava abafado como uma sauna. Nos cômodos de cima, também muito quentes, com tetos baixos, comerciantes conservadores comiam panquecas vermelhas com caviar fresco, acompanhadas por champanhe bem gelada. Passamos para o segundo cômodo, onde, no canto, de frente para o ícone da Virgem Maria de Três Mãos, feito de madeira escura, queimava uma lamparina. Sentamo-nos a uma longa mesa, em um sofá de couro preto... A penugem em seu lábio superior estava coberta pela geada, as bochechas de âmbar estavam levemente rosadas, a escuridão do salão se fundia completamente com as pupilas – não conseguia tirar os olhos entusiasmados de seu rosto. Ao tirar o lenço do regalo perfumado, ela disse:

— Muito bem! Lá embaixo há homens selvagens, mas aqui há panquecas com champanhe e a Virgem Maria de Três Mãos. Três mãos! Pois isso é a Índia! O senhor é um nobre, não consegue entender toda a Moscou assim como eu.

---

110 Também conhecido como Convento da Misericórdia de Marta e Maria, construído entre 1908 e 1912, em Moscou (N. T.)

— Consigo, consigo! — respondi — E vamos pedir um jantar forte!
— Como assim "forte"?
— Significa forte. Como é que não sabe? "O discurso de Gueorgui..."
– Ah, claro! Gueorgui!
— Sim, o príncipe Iuri Dolgoruki[111]. "O discurso de Gueorgui a Sviatosláv, príncipe de Seversk[112]: 'Venha até mim, irmão, a Moscou' e ordenou que um jantar forte fosse organizado."
– Ah, claro! E agora, esta Rus' permanece apenas em alguns mosteiros do Norte. E nos cânticos das igrejas. Há pouco fui ao Convento da Conceição; não pode imaginar como cantam gloriosamente os stikhíri[113]! Mas o de Tchúdov[114] é ainda melhor. No ano passado, sempre ia para lá, na Semana Santa. Ah, como era bom! Poças por todos os lados, o ar já estava leve, primaveril, na alma havia algo de terno, triste, e o tempo todo esse sentimento de pátria, sua antiguidade... Todas as portas da catedral abertas, o dia inteiro pessoas comuns vão e vêm, cerimônias o dia todo... Oh, vou embora para algum lugar, para um convento, para o mais silencioso, para o de Vologda[115], de Viátka[116].

Queria dizer que então também iria embora ou esfaquearia alguém, a fim de que me levassem para Sacalina[117], comecei

---

111 Iuri (Gueorgui) Vladímirovitch, ou Iuri Dolgoruki (1U9?-1157), foi grão-príncipe de Kiev. (N. T.)

112 Sviatosláv Olgovitch ou Nicolau Olgovitch após o batismo, (1106/1107-1164), príncipe de Novgórod-Seversk. (N. T.)

113 "Stikhíri" são cânticos de oração, utilizados na Igreja Ortodoxa, geralmente ligados a versos individuais de um Salmo. (N. T.)

114 Refere-se ao Convento de Tchúdov, construído em 1365, localizado em Moscou. (N. T.)

115 Refere-se ao Convento Gorne-Uspenski, localizado na cidade de Vologda, construído em 1590. (N. T.)

116 Refere-se ao Convento Viátski Preobrazhenski, localizado na antiga cidade de Viátka, atual Kirov, construído em 1624. (N. T.)

117 Refere-se à Ilha de Sacalina, no extremo oriente russo, onde mantinha-se uma prisão, um campo de trabalhos forçados. (N. T.)

a fumar, perdido pelo nervosismo, mas me aproximei de um criado, trajando calças brancas e camisa branca, cingida com um fio carmesim, que respeitosamente me lembrou:

— Desculpe, senhor, aqui não se pode fumar...

E, imediatamente, com obsequiosidade, começou a falar rapidamente:

— O que o senhor gostaria nas panquecas? Ervinhas caseiras? Caviar, salmão? Para a sopinha, temos um xerez excepcionalmente bom, e para o navaga[118]...

— E para o navaga, xerez — acrescentou ela, alegrando-me com a boa loquacidade que não a abandonou a noite toda. E eu ouvindo, já distraído, o que ela falava a seguir. Mas falava com uma luz serena nos olhos:

— Gosto tanto da crônica, das histórias russas antigas, que até hoje releio aquelas que gosto mais até decorá-las. "Havia uma cidade na terra russa chamada Murom, e nela reinava um príncipe devoto chamado Paulo. E o diabo apresentou para sua mulher uma serpente voadora para a fornicação. E esta serpente lhe apareceu na forma humana, extremamente bela...[119]"

Brincando, fiz uma expressão assustadora com os olhos:

— Oh, que horror!

Ela, sem ouvir, prosseguiu:

— Assim Deus a testou. "Quando chegou a hora de sua abençoada morte, o príncipe e a princesa imploraram a Deus que se apresentasse a eles um único dia. E combinaram de serem enterrados em um único caixão. E ordenaram que, de uma única pedra, escupissem dois leitos de sepulcro. E se vestiram, ao mesmo tempo, com uma veste monástica..."

---

118 Refere-se à espécie de peixe "Eleginus nawaga", da mesma família do bacalhau. (N. T.)
119 "Conto sobre Pedro e Fevrônia de Murom", escrito nos anos de 1540, por Iermolai-Ierazm. (N. T.)

E, outra vez, minha distração foi substituída por uma surpresa e até mesmo preocupação: o que é isso agora?

E assim, naquela noite, quando a levei para casa, em um horário totalmente atípico, às onze horas, ela, despedindo-se de mim na entrada, de súbito, segurou-me quando já estava me sentando no trenó:

— Espere. Venha me ver amanhã à noite, não antes das dez horas. Amanhã é dia de "kapustnik[120]" no Teatro de Artes.

— E então? — perguntei. — A senhorita quer ir a esse "kapustnik"?

— Sim.

— Mas a senhorita disse que não conhece nada mais vulgar do que o "kapustnik"!

— E não conheço. Ainda assim, quero ir.

Balancei a cabeça mentalmente – sempre as extravagâncias, as extravagâncias de Moscou! – e respondi com alegria:

— All right[121]!

No dia seguinte, às dez horas da noite, após subir o elevador que dá para sua porta, abri-a com minha chave e, de imediato, não saí do corredor escuro: atrás da porta havia uma luz incomum, estava tudo acesso – lustres, candelabros nas laterais do espelho e uma luminária alta com abajur claro, atrás do encosto do sofá, e do piano soava o início de "Sonata ao luar", cada vez mais alto, o som cada vez mais doloroso, convidativo, em uma tristeza sonambulamente feliz. Bati a porta do corredor, os sons cessaram, ouvia-se o farfalhar do vestido. Entrei; ela estava de pé, próxima ao piano, ereta e de uma maneira um pouco teatral, de vestido de veludo preto, que a deixava mais

---

120 Representação teatral, de caráter humorístico e satírico, geralmente apresentada entre os atores, em um grupo fechado. (N. T.)
121 "Tudo bem", do inglês, no original. (N. T.)

magra, brilhando com sua elegância, com os enfeites festivos dos seus cabelos brilhosos, o tom de âmbar escuro dos braços e ombros nus, o início dos seios fartos e delicados, com os brincos de diamantes ao longo das bochechas levemente empoadas, os olhos de carvão aveludado e a púrpura aveludada dos lábios; nas têmporas, trancinhas negras lustrosas formavam semicírculos e se curvavam aos olhos, dando-lhe uma aparência de beldade oriental de uma pintura Lubok[122].

— Se ao menos eu fosse uma cantora e cantasse em um palco — disse ela, olhando para meu rosto perplexo —, responderia aos aplausos com um sorriso afável e com leves reverências para a direita e para a esquerda, para cima e para a plateia, e eu mesma, sem notar, mas com cautela, afastaria a cauda do vestido com o pé para não a pisotear...

No "kapustnik", fumou bastante e bebericava champanhe o tempo todo, olhando fixamente para os atores, com gritos animados e refrões que descreviam algo como que parisiense, para o grande Stanislávski[123], de cabelos brancos e sobrancelhas pretas e para o corpulento Moskvin[124], de pincenê no rosto em forma de tina – ambos com uma seriedade e diligência deliberadas, tombando para trás, elaboravam um desesperado cancã sob as gargalhadas do público. Katchálov[125] se aproximou com uma taça na mão, pálido de embriaguez, com a testa muito suada, com um feixe de seu cabelo bielorrusso pendurado, ergueu a taça e, olhando para ela com uma ganância fingida e sombria, disse em sua voz grave de ator:

---

122 Pintura popular russa, iniciada no século XVII, caracterizada por gráficos e narrativas simples, derivadas da literatura, religião e lendas populares. (N. T.)
123 Konstantin Serguéievitch Alekseiev (1863-1938), ator, diretor, pedagogo e escritor russo. (N. T.)
124 Ivan Mikháilovitch Moskvin (1874-1946), ator e diretor de teatro russo e soviético. (N. T.)
125 Vassíli Ivánovitch Katchálov (1875-1948), ator e pedagogo russo e soviético. (N. T.)

— Tsarina donzela, tsarina de Shamakhan[126], à sua saúde!
E ela sorriu lentamente e brindou com ele. Ele pegou sua mão, caiu bêbado sobre ela e quase caiu no chão. Endireitou-se e, cerrando os dentes, olhou para mim:
— Quem é o bonitão? Odeio o senhor!
Depois, o realejo começou a soar, sibilar e chacoalhar aos passos da polca – e até nós, deslizando, aproximou-se rapidamente o pequeno Sulerzhítski[127], sempre apressado para algum lugar e sorridente, curvou-se, demonstrando uma galanteria do Gostni Dvor[128] e murmurou às pressas:
— Permita-me convidar para a polca Tremblante...
E ela, sorrindo, levantou-se e, com um passo curto e hábil, reluzindo com seus brincos, sua negritude e com ombros e braços nus, foi com ele entre as mesas, acompanhada por olhares de admiração e aplausos, enquanto ele, de cabeça erguida, gritava como um bode:
Vamos, vamos logo
Dançar uma polca!
Próximo das três horas da manhã, ela se levantou, cobrindo os olhos. Quando nos vestimos, olhou para o meu chapéu de castor, acariciou a gola também de castor e foi em direção à saída, falando em um tom nem sério, nem brincando:
— Claro, é bonito. Katchálov disse a verdade... "A serpente na forma humana, extremamente bela..."
No caminho, ficou em silêncio, baixando a cabeça por conta da nevasca, iluminada pela lua, que voava em sua direção. A lua ficara o mês inteiro mergulhada nas nuvens sobre o Kremlin,

---

126 Refere-se à personagem da obra de Aleksandr Púchkin (1799-1837), de "A história do galo de ouro", publicada em 1835. (N. T.)
127 Leonid Antonovitch Sulerzhítski (1872-1916), diretor teatral e pedagogo russo. (N. T.)
128 Refere-se ao edifício de Moscou, em que há um complexo comercial com diversas lojas. (N. T.)

"uma espécie de crânio iluminado", dizia ela. Na torre do Salvador, o relógio batia três horas, e ainda disse:

— Que som antigo, algo de lata e ferro fundido. E da mesma forma, o mesmo som batia três horas da manhã também no século XV. E em Florença, exatamente a mesma batida fazia-me lembrar de Moscou...

Quando Fiódor parou junto à entrada, sem forças, ordenou:

— Dispense-o...

Espantado, pois ela nunca me deixava subir à noite, disse confuso:

— Fiódor, voltarei a pé...

E subimos o elevador, calados, entramos no calor noturno e no silêncio do apartamento, com as batidas ocasionais de martelos nos aquecedores. Tirei-lhe o casaco, escorregadio por conta da neve, ela tirou um xale felpudo e molhado dos cabelos e o jogou em meus braços, e passou rapidamente para o quarto, farfalhando a anágua de seda. Despi-me, entrei no primeiro cômodo e, com o coração congelado, como se estivesse à beira de um abismo, sentei-me no sofá turco. Seus passos podiam ser ouvidos através das portas abertas do quarto iluminado, como ela, enroscando-se nos grampos de cabelo, puxava o vestido pela cabeça... Levantei-me e me aproximei das portas: ela, apenas de sapatos de penugem de cisne, estava de pé, nua, de costas para mim, de frente para o espelho da penteadeira, penteando os longos fios negros de cabelo, pendurados ao longo do rosto com um pente de casco de tartaruga.

— Pois você sempre dizia que penso pouco nele — disse ela, jogando o pente sobre a penteadeira e, jogando os cabelos para trás, virou-se para mim. — Não, pensava...

Ao amanhecer, senti seu movimento. Abri os olhos e ela estava olhando diretamente para mim. Soergui do calor da cama e do seu corpo, ela se inclinou para mim, falando em voz baixa e uniforme:

— Hoje à noite parto para Tver. Só Deus sabe por quanto tempo.

E pressionou sua bochecha contra a minha – sentia quando seus cílios molhados pestanejavam:

— Escreverei assim que chegar. Escreverei tudo a respeito do futuro. Desculpe, deixe-me agora, estou muito cansada...

E deitou-se no travesseiro.

Vesti-me com discrição, beijei-a timidamente nos cabelos e saí na ponta dos pés para a escada, que já estava iluminada com uma luz pálida. Caminhava pela jovem neve pegajosa, já não havia nevasca, estava tudo tranquilo e já se enxergava longe, ao longo das ruas, que exalavam o cheiro da neve e das padarias. Cheguei até a Rua Iverskaia, cujo interior ardia e brilhava inteiro com as fogueiras das velas; parei no meio da multidão de velhos e mendigos de joelhos sobre a neve pisoteada, tirei o chapéu... Alguém me tocou no ombro, olhei: alguma velhinha bem infeliz olhava para mim, secando as lágrimas de pena:

— Oh, não se mate, não se mate assim! É pecado, é pecado!

A carta, que recebi umas duas semanas depois, foi sucinta – carinhosa, mas um pedido firme para que não a esperasse mais, não tentasse procurá-la, vê-la: "Não retorno a Moscou, por enquanto estou no voto de obediência, depois, talvez, decidirei pela tonsura... Que Deus lhe dê forças para não me responder, é inútil prolongar e aumentar o nosso tormento..."

Cumpri o que ela me pediu. E, por um longo tempo, perdi-me nas tabernas mais sujas, tornei-me um bêbado, afundando-me cada vez mais em todos os sentidos. Depois, comecei a me recuperar um pouquinho, tornei-me indiferente, desesperançoso... Passaram-se quase dois anos desde a Segunda-feira Pura...

Em 1914, no Ano Novo, houve uma noite tão serena, tão ensolarada, quanto aquela inesquecível noite. Saí de casa, peguei uma carruagem de aluguel e fui para o Kremlin. Lá, entrei na Catedral do Arcanjo[129], vazia, fiquei de pé por um longo tempo, sem rezar, em sua escuridão, olhando para o fraco brilho do velho ouro da iconóstase e para as lápides dos tsares de Moscou – fiquei de pé, como que esperando por algo, naquela igreja vazia, particularmente silenciosa, quando você tem medo até de respirar dentro dela. Ao sair da catedral, mandei o cocheiro ir para a Rua Ordinka, guiou em ritmo acelerado, como naquela época, pelos becos escuros, em jardins com janelas iluminadas por baixo; passei pelo beco de Griboiédov – e sempre chorando, chorando...

Na Ordinka, parei o cocheiro perto do portão do Convento Marfo-Marinskaia: lá, as carruagens enegreciam o pátio, viam-se as portas abertas da pequena igreja iluminada; da porta, ecoava o canto triste e profundo do coro feminino. Por algum motivo, quis muito entrar ali. O porteiro bloqueou o meu caminho, pedindo gentilmente, implorando:

— Não pode, senhor, não pode!

— Como não pode? Não pode entrar na igreja?

— Pode, senhor, claro que pode, só peço, pelamor de Deus, não vá, gorinha a grã-princesa Elzabete Fiódrovna e o grão-príncipe Mitri Pálitch...

Enfiei um rublo em seu bolso – ele suspirou com pesar e me deixou passar. Mas assim que entrei no pátio, da igreja surgiram pessoas carregando nas mãos os ícones, estandartes e, atrás deles, de vestido longo branco, de rosto magro, de tiara branca, com uma cruz dourada costurada na frente, ia lentamente a grã-princesa, alta, de olhos baixos, com uma grande

---

129 Refere-se à Catedral do Arcanjo São Miguel, localizada no Kremlin de Moscou. (N. T.)

vela na mão; e atrás dela se estendia uma fileira de freiras ou irmãs, cantando, igualmente de branco, com velas queimando junto aos rostos – já nem sabia quem eram ou para onde iam. Por algum motivo, fiquei olhando bem atentamente. E eis que uma das pessoas, no meio, ergueu a cabeça de súbito, coberta por um pano branco, barrando a vela com a mão, fixou seus olhos escuros na escuridão, como se olhasse justamente para mim... O que ela poderia ver na escuridão, como poderia sentir a minha presença? Virei-me e saí calmamente do portão.

12 de maio de 1944

Três rublos

Naquela noite de verão, cheguei quase nove horas na nossa cidade provincial, vindo da aldeia pela ferrovia. Ainda estava quente, sombrio por conta das nuvens, e uma tempestade se aproximava. Quando o cocheiro me levou às pressas da estação, levantando poeira pelo campo escurecido, de súbito, algo reluziu por trás, o caminho à frente se iluminou instantaneamente de dourado, um trovão ressoou em algum lugar e uma chuva rápida e esparsa caiu como grandes estrelas sobre a poeira e a proliótka e cessou de imediato. Depois, a proliótka, descendo a toda velocidade de uma colina por uma estrada de terra macia, começou a chacoalhar ao longo de uma ponte de pedra, que atravessava um riacho seco. Para além da ponte, as forjarias da cidade enegreciam e cheiravam a metal de uma maneira absurda. No caminho para a montanha, queimava uma lanterna de querosene empoeirada...

No hotel Vorobiôva, o melhor da cidade, como sempre, deram-me um cômodo com um quarto atrás de uma divisória. O ar naquele cômodo, com as duas janelas fechadas, atrás das cortinas brancas de calicô, era quente como um forno. Mandei que um funcionário escancarasse as janelas, trouxesse um samovar e de pronto me aproximei da janela: no quarto não havia como respirar. Do lado de fora da janela, a escuridão enegrecia, onde relâmpagos, agora azuis, brilhavam de vez em quando, e o estrondo do trovão ressoava exatamente como os solavancos da estrada. E lembro-me que pensei: é uma cidadezinha tão insignificante, que nem sequer dá para entender por que essa esplêndida luz azul rompe de forma tão ameaçadora, e o céu, invisível, sombrio, treme e estrondeia de maneira tão majestosa acima dela. Fui para trás da divisória e, tirando o casaco e desatando a gravata, ouvi quando rapidamente chegou o samovar, sobre a bandeja do funcionário, e bateu com ele sobre a mesa redonda, em frente ao sofá. Olhei: além do samovar, um lavabo, um copo e um prato com um pão; na bandeja ainda havia uma xícara.

— Para que a xícara? — perguntei.

O funcionário respondeu, com um olhar brincalhão:

— Há uma moça perguntando pelo senhor, Borís Petrovitch.

— Que moça?

O funcionário encolheu os ombros e deu uma risadinha pretensiosa.

— Está claro que moça é. Pediu muito para que a deixasse entrar, prometeu uma gorjeta de um rublo, caso recebesse um bom dinheiro. Ela o viu quando chegou...

— Então ela é das ruas?

— É óbvio. Aqui, nunca se nota mulheres deste tipo: os hóspedes geralmente mandam mensagens para Anna Matvéievna em busca de moças, e então, de repente, alguma entra sozinha. Tem uma boa estatura e parece uma colegial.

Pensei na noite entediante que me aguardava e disse:

— É engraçado. Deixe-a entrar.

O funcionário desapareceu, alegre. Comecei a ferver o chá, mas imediatamente bateram à porta e fiquei surpreso ao ver que, sem esperar por resposta, entrou no quarto uma mulher alta, de pés grandes em velhos sapatos de linho, a passos atrevidos e usando um vestido marrom de colegial, um chapéu de palha com um ramo de centáureas artificiais ao lado.

— Vi a luz acesa e resolvi entrar — disse ela, com uma tentativa de sorriso irônico, desviando os olhos escuros para o lado.

Tudo isso não se parecia nada com o que estava esperando, fiquei ligeiramente confuso e respondi com uma alegria desmedida:

— Muito prazer. Tire o chapéu e sente-se para tomar um chá.

Do lado de fora das janelas já havia um clarão roxo e amplo, trovejava em algum lugar próximo em sinal de advertência, o quarto cheirava a vento, e me apressei em fechar as janelas, alegrando-me com a possibilidade de esconder meu embaraço. Quando me virei, ela estava sentada no sofá, tirando o chapéu e jogando para trás os cabelos curtos com uma mão bronzeada e alongada. Seus cabelos eram densos, castanhos, as maçãs do rosto um pouco largas, sardentas, lábios cheios e lilases, olhos escuros e sérios. Queria me desculpar, de maneira brincalhona, por estar sem o casaco, mas ela lançou sobre mim um olhar seco e perguntou:

— Quanto o senhor pode pagar?

Respondi novamente com uma despreocupação forçada:

— Ainda teremos tempo para combinar! Primeiro vamos beber um chá.

— Não — disse ela, franzindo a testa —, tenho que saber as condições. Não aceito menos do que três rublos.

— Três, que sejam — disse eu com aquela mesma despreocupação tola.

— Está brincando? — perguntou ela, com ar severo.

— De modo algum — respondi, pensando: "Servirei o chá, darei três rublos e mando ir com Deus".

Ela suspirou e, após fechar os olhos, inclinou a cabeça no sofá. Pensei, olhando para seus lábios lilases, sem sangue, que ela certamente estava com fome; dei-lhe uma xícara de chá e o prato com pão, sentei-me no sofá e toquei sua mão:

— Coma, por favor.

Ela abriu os olhos e começou a comer e beber em silêncio. Olhei fixamente para suas mãos bronzeadas e seus cílios escuros, rigorosamente abaixados, pensando que o assunto tomava um rumo cada vez mais absurdo, e perguntei:

— A senhorita é daqui?

Ela sacudiu com a cabeça, enquanto molhava o pão:

— Não, sou de longe...

E tornou a ficar em silêncio. Depois, sacudiu as migalhas dos joelhos e levantou-se de súbito, sem olhar para mim:

— Vou me despir.

Isso foi o mais inesperado de tudo, quis dizer algo, mas ela me interrompeu, em tom imperativo:

— Feche a porta com a chave e abaixe as cortinas das janelas.

— E foi para trás da divisória.

Com uma submissão e pressa inconscientes, abaixei as cortinas, atrás das quais os relâmpagos continuavam a cintilar de maneira cada vez mais ampla, como se tentassem dar uma espiada para dentro do quarto, e os estrondos estremeciam cada vez mais insistentes, virei a chave da porta do corredor, sem entender o porquê daquilo, e já queria ir até ela com um riso fingido, transformar tudo em uma brincadeira e inventar que minha cabeça havia começado a doer muito forte, mas ela disse por trás da divisória, em voz alta:

— Venha...

E tornei a obedecer de forma inconsciente, entrei atrás da divisória e a vi já na cama: estava deitada, o cobertor puxado até o queixo, olhando para mim com um ar assustado, com olhos totalmente enegrecidos, e cerrando os dentes trêmulos. E, na inconsciência da confusão e da paixão, puxei o cobertor de sua mão, revelando todo o seu corpo em uma camisola curta e surrada. Ela mal teve tempo de pegar o pendão acima da cabeceira para apagar a luz...

Depois, fiquei parado na escuridão, ao lado da janela aberta, fumei ansiosamente, ouvia o som da chuva torrencial, caindo na escuridão sobre uma cidade morta, junto com os tremores ligeiros e claros dos raios roxos e das pancadas dos trovões distantes, pensava, inalava o frescor da chuva, misturado com o odor da cidade, aquecida durante o dia; sim, é uma combinação incompreensível: essa terra miserável e remota com essa grandeza divinamente ameaçadora, trovejante e ofuscante na chuva torrencial; e fiquei cada vez mais surpreso e aterrorizado: como é que ainda não havia entendido completamente com quem estou lidando e por que ela decidiu vender sua virgindade por três rublos! Sim, a virgindade! Ela me chamou.

— Feche a janela, está fazendo muito barulho, e venha aqui.

Voltei para a escuridão atrás da divisória, sentei-me na cama e, ao encontrar e beijar sua mão, comecei a falar:

— Desculpe, desculpe...

Ela perguntou, impassiva:

— O senhor pensou que eu fosse uma prostituta de verdade, só que muito estúpida ou louca?

Respondi às pressas:

— Não, não, não é louca, apenas pensei que a senhorita ainda tivesse pouca experiência, embora já soubesse que algumas donzelas, de certas casas, usassem vestido de colegial.

— Para quê?

— Para parecer mais inocente, mais atraente.

— Não, não sabia disso. Não tenho outro vestido. Acabei de terminar o colegial nesta primavera. Então meu pai morreu de repente; mamãe morreu há muito tempo. Sou de Novotcherkassk e vim para cá, pensei que encontraria um trabalho aqui, por meio de um parente nosso; fiquei em sua casa, mas ele começou a me importunar, então bati nele e passei as noites nos bancos do jardim da cidade... Pensei que fosse morrer quando entrei aqui. E depois ainda vi que o senhor queria se livrar de mim de alguma forma.

— Sim, fiquei em uma situação estúpida — disse eu. — Concordei em deixá-la entrar apenas por tédio, nunca lidei com prostitutas. Pensei que entraria alguma menina da rua, bem comum, e lhe serviria um chá, conversaria, faria gracejos com ela, depois apenas lhe daria uns dois ou três rublos...

— Sim, mas em vez disso, fui eu que entrei. E quase até o último momento tentei manter a minha cabeça em uma única coisa: três rublos, três rublos. Mas aconteceu algo totalmente diferente. Agora já não entendo mais nada...

Nem eu entendi mais nada: escuridão, o ruído da chuva torrencial do outro lado da janela, ao meu lado, na cama, está deitada uma colegial de Novotcherkassk, que até então nem sequer sei o nome... depois, esses sentimentos que a cada minuto crescem em mim e se tornam cada vez mais incontroláveis em relação a ela... articulei com dificuldade:

— O que a senhorita não entende?

Ela não respondeu. De súbito, acendi a luz: diante de mim, brilharam seus grandes olhos negros, cheios de lágrimas. Levantou-se impetuosamente e, após morder os lábios, tombou a cabeça sobre o meu ombro. Inclinei sua cabeça e comecei a beijá-la em sua boca torcida e molhada pelas lágrimas, abracei seu grande corpo, de camisola surrada caindo dos ombros, com uma compaixão e ternura loucas, vi seus pés morenos e sujos de donzela... Depois, o quarto ficou repleto pelo sol da manhã, que entrava através das cortinas abaixadas, e ainda ficamos sentados e falando no sofá, de frente para a mesa redonda – ela estava com fome, terminando de tomar o chá frio que sobrou da noite, e terminando de comer o pão – e beijávamos as mãos um do outro.

Fui para a aldeia e ela ficou no hotel; no dia seguinte, partimos para Minerálnie Vodí.

Queríamos passar o outono em Moscou, mas passamos o outono e o inverno em Ialta – ela começou a ter febre e a tossir, nossos quartos cheiravam a creosoto... Na primavera eu a enterrei.

O cemitério de Ialta, no alto da colina. De lá, vê-se o mar ao longe, e da cidade, as cruzes e monumentos. Entre elas, é verdade, até agora ainda há uma cruz branca de mármore em uma das sepulturas mais queridas por mim. E nunca mais verei aquilo – Deus me livrou disso com misericórdia.

1944

O tradutor

Robson Ortlibas é bacharel em tradução e interpretação pela Universidade Nove de Julho, atua como tradutor de russo e inglês para o português, além de ser russista e palestrante nas áreas de tradução e russística. Seu percurso acadêmico inclui estudos em Análise do Discurso em Língua Russa na Universidade Estatal de Tomsk, História da Rússia na Universidade Estatal de São Petersburgo e Etiqueta do Discurso em Língua Russa na Escola Superior de Economia de Moscou.

Sua carreira na tradução editorial destaca-se por trabalhos que abrangem renomados escritores russos, como Liev Tolstói, Fiódor Dostoiévski, Anton Tchékhov, Evguêni Zamiátin, Isaac Bábel, entre outros. Além disso, dedica-se à pesquisa ativa na área da russística, explorando temas como costumes, idioma, literatura, política e história da Rússia. Ainda na área da russística, mantém um canal no YouTube e um podcast chamados "Russística", nos quais aborda uma variedade de temas relacionados à russística.

Atualmente, prossegue com seus estudos e pesquisas na língua russa e no eslavo eclesiástico.

Contatos

LINKEDIN:
http://www.linkedin.com/in/robsonortlibas

YOUTUBE:
https://www.youtube.com/@russistica

PODCAST:
https://podcasters.spotify.com/pod/show/russistica

WEBSITE:
http://tradutor.ortlibas.net

Ivan Bunin, um dos grandes mestres da literatura russa, nos leva a um mundo onde a beleza da prosa se entrelaça com a profundidade da experiência humana. Em tempos de mudanças rápidas e incertezas, a obra de Bunin nos oferece um refúgio, um convite à reflexão sobre a constância da natureza humana e as emoções universais que nos conectam através dos séculos. Que este livro inspire uma apreciação renovada pela literatura e pelas histórias que moldam nossas vidas, lembrando-nos da importância de encontrar beleza e significado mesmo nas circunstâncias mais adversas.

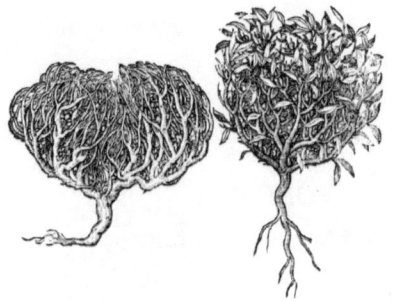

A Rosa de Jericó em seus estágios seco e hidratado.
Matthias de L'Obel, 1591.

Este livro foi composto em Alegreya e impresso no Brasil por UmLivro, para a Editora Tacet Books.

São Paulo-SP. Junho, 2024.

Visite nosso site e conheça nossos livros:
www.tacetbooks.com

www.ingramcontent.com/pod-product-compliance
Lightning Source LLC
LaVergne TN
LVHW040107080526
838202LV00045B/3806